CJELOVITA KUHARICA MLJEVENOG JUNEĆEG MESA

Brzi i pristupačni recepti s mljevenom govedinom koji će
večeri u tjednu učiniti lakšim i ukusnijim

Laura Marušić

SADRŽAJ

UVOD

Pitate se što napraviti od mljevene junetine? Onda ste došli na pravo mjesto. Postoji toliko mnogo načina da skuhate nešto ukusno s mljevenom govedinom! Ova će vas knjiga nadahnuti najboljim i najpopularnijim receptima za mljevenu junetinu od ukusnih sočnih hamburgera, mesnatih tjestenina i lazanja, izdašnih juha, utješnih mesnih pita, meksičkih meksičkih jela, azijskih jela koja su bolja nego za van i još mnogo toga!

Ako želite pravilno jesti i osjećati se dobro, ovi recepti za zdravo mljeveno meso odlično su mjesto za početak!

DORUČAK

1.<u>Carnivore Waffles</u>

porcije: 4 (1 vafla)

SASTOJCI:
- 4 unce mljevene piletine ili mljevene puretine
- 5 jaja
- 2 žlice suhog parmezana
- 4 unce mljevene govedine

UPUTE:
a) Stavite govedinu i piletinu u lonac i dodajte otprilike 1 - 1-$\frac{1}{2}$ šalice vode.
b) Stavite lonac na srednje jaku vatru i zakuhajte. Malo smanjite vatru i kuhajte 5-7 minuta. Prebacite meso u cjedilo. Pustite da se ohladi 10 minuta.
c) Malo ohlađeno meso prebacite u zdjelu multipraktika. Također dodajte jaja i parmezan. Procesirajte dok ne postane glatko.
d) Zagrijte kalup za vafle. Namastite i rasporedite $\frac{1}{4}$ smjese po pegli. Kuhajte vafle kao što biste kuhali 5-7 minuta ili dok ne budu kuhani.
e) Izvadite vafle i stavite na tanjur. Ohladite nekoliko minuta i poslužite. Ponovite korake i napravite ostale vafle.

2. Carnivore Quiche

porcija: 8

SASTOJCI:
- 1 funta mljevene govedine
- 1 funta mljevene goveđe jetre
- 1 funta mljevenog goveđeg srca
- Maslac ili ghee ili goveđi loj ili bilo koja druga životinjska mast po vašem izboru, za kuhanje, prema potrebi
- Posolite po ukusu
- 6 jaja

UPUTE:
a) Uzmite 2 tanjura za pitu (9 inča) i malo ih namažite s malo maslaca ili gheeja.
b) Provjerite je li vaša pećnica prethodno zagrijana na 360° F.
c) U zdjelu dodajte junetinu, juneću jetru, juneće srce, sol i jaja te dobro promiješajte.
d) Podijelite smjesu u 2 tanjura za pitu.
e) Pecite mesne pite dok se ne stegne, oko 15 do 20 minuta.
f) Izrežite svaku na 4 jednaka kriška kada je gotova i poslužite.

3.Pečena jaja mesojeda

porcije: 2

SASTOJCI:
- ½ žlice slanog maslaca
- ½ žličice sušenog peršina
- ¼ žličice mljevene dimljene paprike
- 2 velika jaja
- 3,5 unce mljevene govedine
- ½ žličice mljevenog kima ☐ Sol i papar po ukusu
- ¼ šalice ribanog cheddar sira

UPUTE:
a) Zagrijte pećnicu na 400°F.
b) Dodajte maslac u malu tavu otpornu na pećnicu i stavite ga na jaku vatru te ostavite da se otopi.
c) Dodajte govedinu i kuhajte minutu, cijelo vrijeme miješajući.
d) Umiješajte papriku, sol, papar, kumin i peršin. Lomite meso dok se kuha. Isključite vatru.
e) Smjesu mesa ravnomjerno rasporedite po cijeloj posudi. U tepsiji napravite 2 rupe. Rupe trebaju biti dovoljno velike da u njih stane jaje.
f) U svaku udubinu razbijte po jedno jaje.
g) Stavite tavu u pećnicu i pecite dok jaja ne budu pečena onako kako želite.

PLJESKAVICE I SENDVIČI

4. Chunky Sloppy Joes

Posluživanje: 8

Vrijeme kuhanja: 15 minuta

SASTOJCI

- 1 funta nemasne mljevene govedine
- 1 manja tikvica, nasjeckana
- 1 manja glavica luka nasjeckana
- 1 manja rajčica, nasjeckana
- 2 šalice laganog umaka za špagete
- 8 peciva za hamburger, podijeljenih

UPUTE

a) U velikoj tavi zasmeđujte mljevenu govedinu, tikvice i luk na srednje jakoj vatri 10 do 12 minuta ili dok govedina više ne bude ružičasta, a tikvice mekane.

b) Smanjite vatru na srednje nisku i umiješajte umak od rajčice i špageta. Kuhajte dodatnih 4 do 5 minuta, ili dok se ne zagrije.

c) Žlicom nanesite donje polovice peciva, prekrijte vrhovima peciva i odmah poslužite.

5.Prečac Bacon Cheeseburgers

Poslužuje: 4

Vrijeme kuhanja: 10 minuta

SASTOJCI

- 1-1/4 funte mljevene govedine
- 1/4 šalice komadića slanine
- 1/2 šalice (2 unce) nasjeckanog sira Cheddar
- 1/2 žličice soli
- 1/4 žličice crnog papra
- 1/4 šalice suhih krušnih mrvica
- 1/4 šalice vode
- 4 peciva za hamburger, podijeljena

UPUTE

a) U velikoj zdjeli pomiješajte sve sastojke osim peciva. Smjesu podijelite na 4 jednake količine i napravite 4 pljeskavice.

b) Zagrijte veliku neprianjajuću tavu na srednje jakoj vatri i pecite pljeskavice 6 do 8 minuta ili dok ne počnu bistriti sok, povremeno okrećući. Pljeskavice poslužite na pecivima.

6.Zabava na punđi

Poslužuje: 6
Vrijeme kuhanja: 20 minuta

SASTOJCI

- 1-1/2 funte mljevene junetine
- 2-1/4 šalice umaka za špagete
- 2 žličice svijetlo smeđeg šećera
- 1 šalica zdrobljenog tortilja čipsa
- 6 peciva za hamburger

UPUTE

a) U velikoj tavi, smeđu mljevenu govedinu na srednje jakoj vatri oko 8 minuta, povremeno miješajući; ocijedite višak tekućine.

b) Umiješajte preostale sastojke. Smanjite vatru na najnižu i pirjajte dodatnih 8 do 10 minuta, dok se ne zagrije.

c) Poslužite na pecivima za hamburger.

7.Cheeseburger za mikrovalnu

Prinos: 4 porcije

SASTOJCI
- 1 Pečena kora za pitu
- 1 funta mljevene govedine
- 1 žličica soli
- ½ žličice origana
- ¼ žličice papra
- ½ šalice suhih krušnih mrvica
- 1 limenka (8 oz) umaka od rajčice
- ¼ šalice nasjeckanog luka
- ¼ šalice nasjeckane zelene paprike
- 1 jaje; pretučen
- ¼ šalice mlijeka
- ½ čajne žličice Svaki: sol; suha gorušica, i Worcestershire
- 2 šalice nasjeckanog cheddar sira

UPUTE
a) U loncu od 2 litre kuhajte i miješajte meso dok ne porumeni, 5-6 minuta. Ocijediti.

b) Umiješajte sol, origano, papar, mrvice, ½ šalice umaka od rajčice, luk i zelenu papriku. Pretvoriti u koru. Kuhajte na srednjoj 10 minuta (ili na visokoj 7 minuta.) Dodajte mlijeko u jaje; umiješajte začine i sir.

c) Stavite na mesnu smjesu i kuhajte na srednjoj 2 minute ili na visokoj 1-½ minute. Smeđe 3-4 minute.

SALATE

8.Svjetlija naslagana taco salata

Broj posluživanja: 12
Vrijeme kuhanja: 10 minuta
Vrijeme pripreme: 5 minuta

SASTOJCI

- 1 funta ekstra nemasne mljevene govedine
- 1 (1,25 unce) paket suhog začina za taco
- miješati
- 1 glavica ledene salate, nasjeckana (oko 8 šalica)
- 3/4 šalice (3 unce) nasjeckanog sira Cheddar sa smanjenim udjelom masti
- 1 (16 unca) limenka graha, ispranog i ocijeđenog
- 2 velike rajčice, narezane na kockice (oko 2 šalice)
- 1 (8 unca) vrećica pečenog tortilja čipsa, zdrobljenog
- 1 šalica (8 unci) slatko-ljutog niskomasnog
- Francuski preljev za salatu

UPUTE

a) U srednjoj tavi pomiješajte smeđu mljevenu govedinu sa začinima za taco, miješajući da se meso razbije; ocijedite i ohladite.

b) U veliku staklenu posudicu ili drugu zdjelu za posluživanje poslažite pola zelene salate, zatim pola sira, grah, mljevenu govedinu i rajčice. Ponovite slojeve pa na vrh stavite zdrobljeni tortilja čips.

c) Neposredno prije posluživanja, pokapajte preljevom i promiješajte da se dobro obloži.

9. Nepunjeni kupus

SASTOJCI

- 1 kg mljevene junetine
- 1 veliki luk nasjeckan
- 1 manja glavica kupusa
- 2 šalice rajčice narezane na kockice
- 1 limenka passate od rajčice
- 1/2 šalice vode
- 2 češnja češnjaka
- 2 žličice soli

UPUTE

a) Kuhajte govedinu i luk dok ne porumene. Dodajte preostale sastojke i pustite da zavrije.

b) Pirjajte dok kupus ne omekša, 30 minuta.

10. Hoisin šalice od zelene salate od govedine

SASTOJCI:

- ¾ funte mljevene govedine
- 2 žličice kukuruznog škroba
- Košer soli
- Svježe mljeveni crni papar
- 3 žlice biljnog ulja, podijeljeno
- 1 žlica oguljenog sitno mljevenog đumbira
- 2 češnja češnjaka, sitno nasjeckana
- 1 mrkva, oguljena i narezana na julien
- 1 (4 unce) limenka vodenog kestena narezanog na kockice, ocijeđenog i ispranog
- 2 žlice hoisin umaka
- 3 mladog luka, odvojeni bijeli i zeleni dio, tanko narezana
- 8 širokih listova salate iceberg (ili Bibb), obrezanih u uredne okrugle šalice

UPUTE:

a) U zdjeli pospite govedinu kukuruznim škrobom i prstohvatom soli i papra. Dobro izmiješajte da se sjedini.

b) Zagrijte wok na srednje jakoj vatri dok kapljica vode ne zacvrči i ne ispari pri dodiru. Ulijte 2 žlice ulja i vrteći premažite podlogu woka. Dodajte govedinu i zapržite je s obje strane, zatim promiješajte i okrenite, razbijajući govedinu na mrvice i grudice 3 do 4 minute, dok govedina više ne bude ružičasta. Prebacite govedinu u čistu zdjelu i ostavite sa strane.

c) Očistite wok i vratite ga na srednju vatru. Dodajte preostalu 1 žlicu ulja i na brzinu popržite đumbir i češnjak s prstohvatom soli. Čim češnjak zamiriše, ubacite mrkvu i vodene kestene 2 do 3 minute, dok mrkva ne omekša. Smanjite vatru na srednju, vratite govedinu u wok i pomiješajte s umakom od hoisina i bjelanjcima mladog luka. Bacite da se sjedini, otprilike još 45 sekundi.

d) Rasporedite listove zelene salate, 2 po tanjuru, i ravnomjerno rasporedite goveđu smjesu po listovima zelene salate. Ukrasite zelenim lukom i jedite kao meki taco.

GOVEĐE JEDNICE

11. Tepsija od špageta u slojevima

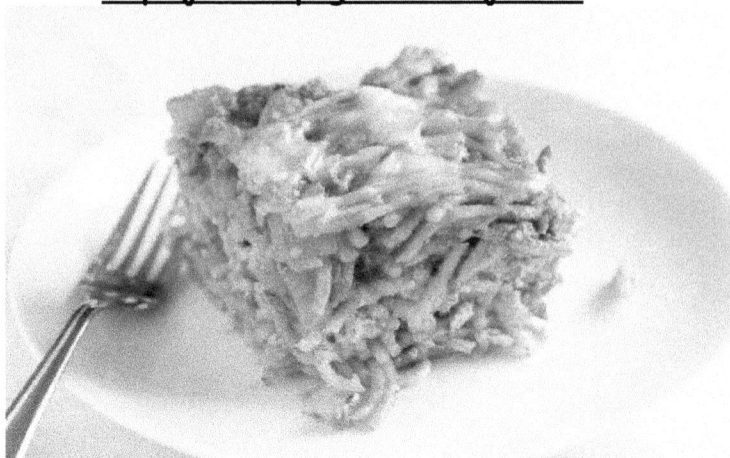

Poslužuje: 6
Vrijeme kuhanja: 32 minute
Vrijeme pripreme: 5 minuta

SASTOJCI

- 8 unci nekuhanih špageta
- Stezna glava od 1 funte
- 1 manja glavica luka nasjeckana
- 1 (26 unca) staklenka umaka za tjesteninu s gljivama
- 1/4 šalice maslaca
- 1/4 šalice višenamjenskog brašna
- 1 (12 unci) limenka evaporiranog mlijeka
- 1/2 šalice ribanog parmezana
- 1/4 žličice soli
- 1/4 žličice crnog papra
- 2 šalice (8 unci) nasjeckanog oštrog sira Cheddar, podijeljeno

UPUTE

a) 1. Skuhajte tjesteninu prema uputama na pakiranju; odvoditi.

b) 2. U međuvremenu kuhajte govedinu i luk u tavi na srednje jakoj vatri, miješajući dok se govedina ne raspadne i ne postane više ružičasta; odvoditi. Pomiješajte tjesteninu, mješavinu mesa i umak za tjesteninu u velikoj zdjeli; baciti za kombiniranje. Staviti na stranu.

c) 3. Zagrijte pećnicu na 400 stupnjeva F. Otopite maslac u loncu na srednjoj vatri. Umiješajte brašno; kuhati 1 minutu. Postupno umiješajte mlijeko; kuhajte 5 minuta ili dok se ne zgusne. Maknite s vatre; umiješajte parmezan, sol i papar.

d) 4. Ulijte polovicu smjese za špagete u lagano namašćenu posudu za pečenje veličine 7 x 11 inča; špagete prelijte umakom od sira. Pospite 1 šalicom Cheddar sira. Prelijte preostalom smjesom za špagete i pospite preostalom 1 šalicom sira Cheddar. Pecite 15 minuta ili dok se sir ne otopi.

12.Enchilada Ionac

Vrijeme kuhanja: 25 minuta

Vrijeme pripreme: 15 minuta
SASTOJCI
- 2 funte mljevenog komada ⬜ 1 glavica luka, nasjeckana
- 2 (8 unci) limenke umaka od rajčice
- 1 (11 unci) limenka meksičke kore, ocijeđena
- 1 (10 unci) limenka enchilada umaka
- 1 žličica čilija u prahu
- 1/4 žličice mljevenog kima
- 1/2 žličice crnog papra
- 1/4 žličice soli
- 10 (5 inča) kukuruznih tortilja, podijeljenih
- 2 šalice (8 unci) nasjeckanog sira Cheddar, podijeljeno

UPUTE
a) 1. Kuhajte govedinu i luk u velikoj tavi na srednje jakoj vatri, miješajući dok se govedina ne raspadne i ne postane više ružičasta; odvoditi.

b) 2. Zagrijte pećnicu na 375 stupnjeva F. Umiješajte umak od rajčice i sljedećih 6 sastojaka u smjesu mesa; dovesti do vrenja. Smanjite vatru na srednju i kuhajte nepoklopljeno 5 minuta, povremeno miješajući.

c) 3. Polovicu tortilja stavite na dno podmazane posude za pečenje veličine 9 x 13 inča. Žlicom stavite polovicu goveđe smjese preko tortilja; pospite 1 šalicom sira. Ponovite slojeve s preostalim tortiljama i smjesom govedine.

d) 4.Pecite 10 minuta. Pospite preostalim sirom; pecite dodatnih 5 minuta ili dok se sir ne otopi. Po želji poslužite uz kiselo vrhnje.

13. Vege juneća tepsija

Vrijeme kuhanja: 24 minute

SASTOJCI

- 8 unci nekuhanih laktastih makarona
- 1-1/4 funte samljevene okrugle
- 1 žlica uljane repice
- 1 (16 unci) vrećica smrznutog miješanog povrća, odmrznutog
- 1 (10-3/4-unce) limenka krem juhe od gljiva, nerazrijeđena
- 1 šalica mlijeka
- 1/2 žličice sušenog origana
- 1/4 žličice mljevenog crnog papra
- 1 žličica Worcestershire umaka
- 1 (10-3/4-unce) limenka krem juhe od celera, nerazrijeđena
- 1/2 šalice (2 unce) nasjeckanog oštrog sira Cheddar

UPUTE

a) Skuhajte tjesteninu prema uputama na pakiranju. Ocijedite i ostavite sa strane.

b) Zagrijte pećnicu na 425 stupnjeva F.

c) Kuhajte govedinu u velikoj tavi na srednje jakoj vatri, miješajući dok se ne raspadne i ne postane ružičasta; ocijedite i govedinu ostavite sa strane.

d) Zagrijte ulje u istoj tavi na srednje jakoj vatri; dodajte povrće i pirjajte 2 minute. Umiješajte krem juhu od gljiva i sljedeća 4 sastojka.

e) Zakuhajte uz stalno miješanje. Smanjite vatru na srednju i kuhajte 4 minute ili dok se ne zgusne.

f) Pomiješajte tjesteninu, govedinu, mješavinu povrća i juhu od celera u velikoj zdjeli. Žlicom stavite smjesu u lagano namašćenu posudu za pečenje veličine 9 x 13 inča. Pospite sirom.

g) Pecite nepokriveno 10 minuta ili dok se sir ne otopi.

14.Pizza Tepsija

Vrijeme kuhanja: 22 minute

SASTOJCI

- 1 funta nemasne mljevene govedine
- 1 (14,5 unce) limenka rajčice narezane na kockice s bosiljkom, češnjakom i origanom
- 1 (10 unca) spremnik ohlađene kore za pizzu
- 2 šalice (8 unci) nasjeckanog sira mozzarella, podijeljeno
- 1/4 šalice ribanog parmezana

UPUTE

a) 1. Zagrijte pećnicu na 425 stupnjeva F. Premažite posudu za pečenje 9 x 13 inča sprejom za kuhanje.

b) 2. U srednjoj tavi, smeđu mljevenu govedinu na srednje jakoj vatri, miješajući i mrveći govedinu dok ne ostane ružičasta; odvoditi.

c) 3. U govedinu dodajte rajčice; kuhati dok se ne zagrije.

d) 4. U međuvremenu razmotati koru za pizzu; pritisnite preko dna i pola strane pripremljene posude za pečenje. Pospite 1 šalicu mozzarelle sira preko kore, a zatim pospite mješavinom mesa.

e) 5. Pecite nepokriveno 12 minuta. Prelijte preostalom 1 šalicom mozzarelle sira i pospite parmezanom. Pecite 5 minuta, ili dok korica ne postane zlatna, a sir se otopi. Izrežite na kvadrate i poslužite.

15. Shiitake & Cheese burger tepsija

PROIZVODI: 6
UKUPNO VRIJEME: 20 minuta

SASTOJCI
- 1 lb mljevene junetine (80/20)
- 4 oz. Shiitake gljive, narezane na ploške
- 1/2 šalice bademovog brašna
- 3 šalice nasjeckane cvjetače ▢ 1 žlica Chia sjemenki
- 1/2 žličice češnjaka u prahu
- 1/2 žličice luka u prahu
- Kečap
- 1 žlica Dijon senfa
- 2 žlice majoneze
- 4 oz. Cheddar sir
- Sol i papar po ukusu

UPUTE
a) Zagrijte pećnicu na 350 stupnjeva Fahrenheita.
b) U velikoj zdjeli za miješanje pomiješajte sve sastojke i polovicu cheddar sira.
c) Izlijte smjesu u pleh veličine 9x9 obložen papirom za pečenje. Zatim po vrhu pospite preostalu polovicu cheddar sira.
d) Pecite 20 minuta na gornjoj rešetki.
e) Poslužite s dodatnim dodacima nakon rezanja.

MLJEVENI GOVEĐI ČILI

16.Cincinnati Chili

Poslužuje: 4

Vrijeme kuhanja: 36 minuta

SASTOJCI

- 1 funta nemasne mljevene govedine
- 1 manja glavica luka nasjeckana
- 1 žlica nezaslađenog kakaa
- 2 žličice čilija u prahu
- 1/2 žličice mljevene crvene paprike
- 1/4 žličice mljevene pimente
- 1/4 žličice mljevenog cimeta
- 1 (28 unci) limenka zgnječenih rajčica
- 1 (6 unci) limenka paste od rajčice
- 1/4 šalice vode
- 1 žlica šećera
- 1/2 žličice soli

UPUTE

a) U velikom loncu za umake ili loncu za juhu pržite govedinu s lukom na srednje jakoj vatri 6 do 8 minuta ili dok u mesu ne ostane ružičasto.

b) Ocijedite sav višak tekućine, a zatim vratite lonac na štednjak i dodajte preostale sastojke; dobro promiješajte.

c) Pustite da zakipi pa smanjite vatru i kuhajte 30 minuta uz povremeno miješanje.

17.Čili od govedine i kobasice

Posluživanje: 8
Vrijeme kuhanja: 50 minuta
SASTOJCI
- 2-1/2 funte nemasne mljevene govedine
- 1-1/2 funte talijanske kobasice, skinuta ovojnica
- 2 velika luka, nasjeckana
- 2 režnja češnjaka, mljevena
- 2 konzerve (15-1/2 unci svaka) tamnocrvenog graha, neocijeđenog
- 1 konzerva (28 unci) zgnječenih rajčica
- 1/4 šalice čilija u prahu
- 1 žličica mljevenog kima
- 1 žličica soli
- 1/2 žličice crnog papra

UPUTE
a) U lonac za juhu, smeđu mljevenu govedinu, kobasice, luk i češnjak na jakoj vatri 20 do 25 minuta, često miješajući.

b) Dodajte preostale sastojke; dobro promiješajte i pustite da zavrije. Smanjite vatru na srednje nisku i kuhajte 30 minuta uz povremeno miješanje.

18.Brzi čili s crnim grahom

Čini: 4 šalice

Vrijeme kuhanja: 16 minuta

Vrijeme pripreme: 3 minute

SASTOJCI

- 1/4 funte mljevene govedine
- 1 žlica čilija u prahu
- 1 (19 unci) konzerva crnog graha, isprana i ocijeđena
- 1 (14-1/2-unce) konzerva zgnječenih rajčica, neocijeđenih
- 1 (8 unci) staklenka vruće salse
- Naribani sir Cheddar

UPUTE

a) Kuhajte mljevenu govedinu u velikoj tavi na srednje jakoj vatri, miješajući dok se ne raspadne i ne postane više ružičasta; dobro ocijediti. Dodajte čili u prahu; kuhati 3 minute uz stalno miješanje.

b) Dodajte crni grah, rajčice i salsu; dovesti do vrenja. Poklopite, smanjite vatru i kuhajte 5 minuta uz stalno miješanje. Svaku porciju pospite sirom.

19.Zrnasto povrće i goveđi čili

Poslužuje: 4
Vrijeme kuhanja: 1 sat
SASTOJCI
- 2 kilograma mljevene junetine
- 1 glavica luka nasjeckana
- 1 (28 unci) limenka zgnječenih rajčica
- 1 (16 unca) limenke pinto graha, neocijeđenog
- 1/2 šalice vode
- 2 žlice meda
- 2 velike tikvice, grubo nasjeckane
- 2 crvene paprike, grubo nasjeckane
- 3 žlice čilija u prahu
- 1-1/2 žličice soli
- 3/4 žličice crnog papra

UPUTE
a) U loncu za juhu od 6 litara pržite govedinu i luk na srednje jakoj vatri 5 do 6 minuta, ili dok u govedini ne ostane ružičasto; ocijedite višak tekućine.

b) Dodajte preostale sastojke; dobro promiješajte, poklopite i pustite da prokuha. Smanjite vatru i pirjajte dodatnih 45 do 50 minuta, ili dok povrće ne omekša, povremeno miješajući.

20.Zdjela za kruh Chili

Posluživanje: 8
Vrijeme kuhanja: 40 minuta
SASTOJCI
- 2 kilograma mljevene junetine
- 1 žličica mljevenog češnjaka
- 1 (28 unci) limenka zgnječenih rajčica
- 2 (15 unci) konzervi crvenog graha, neocijeđenog
- Mješavina juhe od luka u omotnici od 1 unce
- 3 žlice čilija u prahu
- 8 kajzer kiflica

UPUTE
a) U velikom loncu pomiješajte mljevenu govedinu i češnjak na srednje jakoj vatri i pržite 10 minuta.
b) Dodajte zgnječenu rajčicu, grah, mješavinu juhe od luka i čili u prahu; dobro promiješajte i pustite da zavrije uz često miješanje. Smanjite vatru i kuhajte 30 minuta.
c) U međuvremenu, izrežite krug od 1-1/2-inča s vrha svake peciva i uklonite krugove kruha. Ostavite krugove za posluživanje s čilijem za utapanje. Izdubite rolice, ostavljajući 1/2 inča kruha oko strana, stvarajući zdjelice.
d) Na tanjure stavite zdjelice za kruh i u njih žlicom stavljajte čili, pustite da se prelije.

21.Pasta e Fagioli

Porcije: 10

SASTOJCI:
- 1 ½ lb mljevene govedine
- 2 kosana luka
- ½ žličice pahuljica crvene paprike
- 3 žlice maslinovog ulja
- 4 nasjeckane stabljike celera
- 2 mljevena češnja češnjaka
- 5 šalica pileće juhe
- 1 šalica umaka od rajčice
- 3 žlice paste od rajčice
- 2 žličice origana
- 1 žličica bosiljka
- Posolite i popaprite po ukusu
- 1 15 oz. može cannellini grah
- 2 šalice kuhane male talijanske tjestenine

UPUTE:
U velikom loncu pecite meso 5 minuta ili dok više ne bude ružičasto. Ukloni iz jednadžbe.

a) U velikoj tavi zagrijte maslinovo ulje i pržite luk, celer i češnjak 5 minuta.

b) Dodajte juhu, umak od rajčice, pastu od rajčice, sol, papar, bosiljak i ljuskice crvene paprike i promiješajte da se sjedini.

c) Stavite poklopac na lonac. Zatim juhu treba ostaviti da se kuha 1 sat.

d) Dodajte junetinu i kuhajte još 15 minuta.

e) Dodajte grah i promiješajte da se sjedini. Nakon toga kuhati 5 minuta na laganoj vatri.

f) Umiješajte kuhanu tjesteninu i kuhajte 3 minute, ili dok se ne zagrije.

22.Taco juha

Poslužuje: 4

SASTOJCI:
- 1 lb mljevene govedine
- 1 žlica maslinovog ulja
- 1 srednja glavica luka, nasjeckana
- 2 pakiranja začina za taco
- 2 (15 oz.) konzerve rajčice i paprike narezane na kockice
- 2 šalice pileće juhe
- 1 (15 oz.) konzerva crnog graha
- 1 (15 oz.) konzerva zrna kukuruza šećerca
- 1 (15 oz.) limenka velikog sjevernog graha
- Sol i crni papar po ukusu PRELJEV:
- Svježi sok od limuna
- Tortilja trake
- Naribani Monterey Jack sir
- Rajčice narezane na kockice
- Narezani avokado
- Nasjeckani svježi cilantro

UPUTE
a) Kuhajte govedinu u srednjem loncu na srednjoj vatri 10 minuta uz povremeno miješanje dok ne postane smeđa. Žlicom stavite govedinu na tanjur i ostavite sa strane.

b) Zagrijte maslinovo ulje u loncu i pirjajte luk 3 minute ili dok ne omekša.

c) Vratite govedinu u lonac i dodajte preostale sastojke osim nadjeva. Pustite da zavrije i zatim kuhajte 10 minuta ili dok se juha malo ne zgusne. Prilagodite okus solju i crnim paprom.

d) Juhu rasporedite u zdjelice za posluživanje i dodajte preljeve.

23.Chili Mac

Poslužuje: 4

SASTOJCI:

- 1 lb mljevene govedine
- Sol i crni papar po ukusu
- ½ šalice nasjeckanog luka
- 1 žličica mljevenog češnjaka
- 1 (14 oz.) limenka tamnocrvenog graha, ocijeđenog i ispranog
- 1 (15 oz.) limenka rajčice i paprike narezane na kockice
- 1 (8 oz.) konzerva umaka od rajčice
- ½ šalice suhih makarona
- ½ šalice vode
- 1 žlica čilija u prahu
- ½ žličice kumina u prahu
- 1 šalica ribanog cheddar sira
- Sjeckani svježi peršin za ukras

UPUTE

a) Dodajte govedinu u srednji lonac s neprijanjajućim premazom i kuhajte 10 minuta ili dok ne porumeni. Začinite solju i crnim paprom.

b) Umiješajte luk i češnjak; kuhajte 3 minute ili dok luk ne omekša.

c) Ulijte preostale sastojke osim peršina i cheddar sira. Pustite da zavrije i zatim kuhajte 15 do 20 minuta ili dok makaroni ne postanu al dente. Prilagodite okus solju i crnim paprom.

d) Po vrhu pospite cheddar sir, pokrijte lonac i pirjajte 1 do 2 minute ili dok se sir ne otopi.

e) Posudite hranu i poslužite toplu.

24.Čili od govedine i graha

SASTOJCI:

- ½ šalice konzerviranog crnog ili pinto graha, ispranog i ocijeđenog
- ½ šalice (oko 3 oz.) kuhane mljevene govedine
- ½ šalice visokokvalitetne salse
- 1 žličica tanko narezanog mladog luka
- ¼ žličice košer soli
- 1 žličica sitno nasjeckanog svježeg lišća cilantra
- Oko 6 tortilja čipsa
- 1 žličica guacamolea, za posluživanje
- 1 žličica kiselog vrhnja, za posluživanje

UPUTE

a) U maloj zdjeli pomiješajte grah, mljevenu govedinu, salsu, mladi luk i sol te ulijte u posudu od 12 oz. šalica.

b) Poklopite i pecite u mikrovalnoj dok se ne zagrije, oko 2 minute. 3. Pospite cilantrom i umetnite čips oko rubova.

c) Poslužite uz guacamole i kiselo vrhnje.

GLICASE I DESERI

25.Prsni pizza muffini

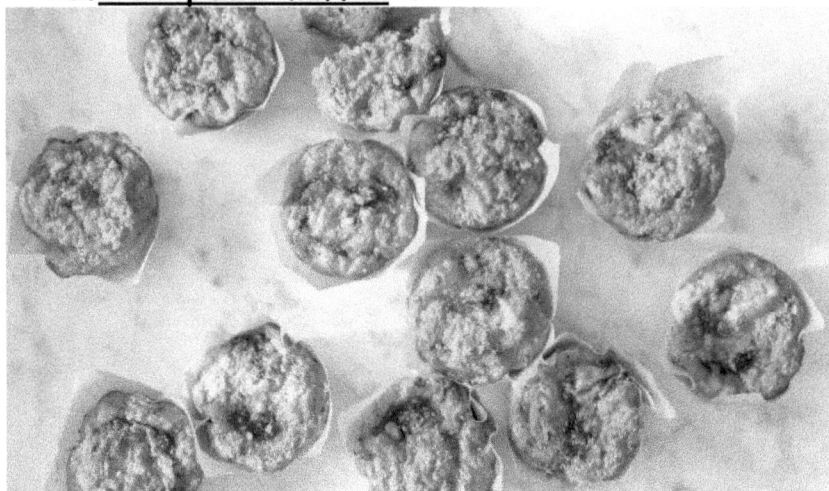

Priprema: 12 mini pizza
Vrijeme kuhanja: 25 minuta

SASTOJCI

- 1 funta mljevene govedine
- 1 manja glavica luka nasjeckana
- 1/2 žličice češnjaka u prahu
- 1/2 žličice soli
- 1/4 žličice crnog papra
- 1-1/2 šalice umaka za špagete
- 6 engleskih muffina, podijeljenih
- 1 šalica (4 unce) nasjeckanog nemasnog sira mozzarella

UPUTE

a) Zagrijte pećnicu na 400 stupnjeva F.

b) U velikoj tavi pirjajte mljevenu govedinu, luk, češnjak u prahu, sol i papar na jakoj vatri 8 do 10 minuta ili dok govedina ne porumeni; ocijedite tekućinu pa umiješajte u umak za špagete.

c) Otvorite engleske muffine i stavite polovice na lim za pečenje; pecite 6 do 8 minuta, ili dok se lagano ne zapeče. Izvadite muffine iz pećnice i na njih ravnomjerno rasporedite goveđu smjesu. Ravnomjerno posipajte mozzarella sir po govedini.

d) Pecite muffine dodatnih 7 do 8 minuta ili dok se ne zagriju i dok se sir ne otopi.

26.Špageti Sundaes

Posluživanje: 8
Vrijeme kuhanja: 45 minuta
SASTOJCI
- nekuhani špageti od 1 funte
- 1 (16 unca) staklenka umaka za špagete ◻ 3/4 funte mljevene govedine
- 1/3 šalice krušnih mrvica na talijanski način
- 1 jaje
- 1/2 žličice soli
- 1/4 žličice papra

UPUTE
a) Zagrijte pećnicu na 350 stupnjeva F.
b) Skuhajte špagete prema uputama na pakiranju.
c) U loncu srednje veličine zagrijte umak za špagete na laganoj vatri dok se ne zagrije.
d) U međuvremenu, u velikoj zdjeli, pomiješajte mesne okruglice. Sastojci: mljevena govedina, krušne mrvice, jaje, sol i papar; dobro promiješajte. Oblikujte 8 mesnih okruglica i pecite 20 do 25 minuta na velikom limu za kekse s obrubom koji ste premazali sprejom za kuhanje.
e) Bacite špagete u umak dok se ne ujednače i stavite u čaše za sladoled. Na svaku nadjenite mesnu okruglicu i poslužite.

27.Lagana domaća pita

Poslužuje: 4

Vrijeme kuhanja: 25 minuta

SASTOJCI

- 6 žlica maslaca, podijeliti
- 1 šalica luka narezanog na kockice
- 1-1/2 funte nemasne mljevene govedine
- Sol i crni papar po ukusu
- 1 šalica (8 unci) konzerviranog ili u bocama smeđeg umaka
- 2 šalice pire krumpira

UPUTE

a) Zagrijte pećnicu na 400 stupnjeva F.

b) Zagrijte 4 žlice maslaca u velikoj tavi. Dodajte luk i kuhajte uz često miješanje dok lagano ne porumeni. Dodajte govedinu, sol i papar i kuhajte 5 minuta. Umiješajte umak i zagrijte dok ne počne mjehurići.

c) Žlicom stavljajte smjesu u namašćenu vatrostalnu posudu od 2 litre.

d) Po vrhu mesa rasporedite pire krumpir i pokapajte komadićima preostalog maslaca.

e) Pecite 15 do 20 minuta ili dok krumpir lagano ne porumeni.

28.Meksičke Lasagne Rollups

Posluživanje: 8
Vrijeme kuhanja: 50 minuta
SASTOJCI
- 8 nekuhanih rezanaca za lazanje
- 3 šalice salse, podijeljene
- 1 funta mljevene govedine
- 1 (1,25 unce) paket mješavine začina za taco
- 1 šalica (4 unce) nasjeckanog sira Monterey Jack
- 1 šalica (1/2 litre) kiselog vrhnja
- 1 (2,25 unce) limenka narezanih crnih maslina, ocijeđenih (1/2 šalice)

UPUTE
a) Zagrijte pećnicu na 350 stupnjeva F. Premažite posudu za pečenje 9 x 13 inča sprejom za kuhanje.

b) Skuhajte rezance za lazanje prema uputama na pakiranju; ocijediti i ostaviti sa strane. Raširite 1 šalicu salse na dno pripremljene posude za pečenje; Staviti na stranu.

c) U srednjoj tavi, smeđu mljevenu govedinu na srednje jakoj vatri oko 10 minuta; ocijedite višak tekućine. Umiješajte mješavinu začina za taco i 1 šalicu salse.

d) Svaku jufku prerežite na pola, svaku polovicu namažite sa 2 žlice goveđe smjese i zarolajte. Stavite rolade za lazanje u posudu za pečenje. Prelijte preostalu 1 šalicu salse preko rolada i pospite vrh sirom. Lagano pokrijte aluminijskom folijom i pecite 22 do 25 minuta, ili dok se sir ne otopi.

e) Prije posluživanja na svaki zamotuljak stavite 1 žlicu kiselog vrhnja i pospite narezanim crnim maslinama.

29.Umak od sira za sporo kuhanje

Poslužuje: 4

SASTOJCI:

- 1 lb mljevene govedine
- ½ lb začinjene svinjske kobasice
- Velveeta u kockama od 2 lb
- 2 (10 oz.) konzerve rajčice i paprike narezane na kockice
- Posolite po ukusu

UPUTE

a) Kuhajte govedinu i kobasicu u tavi na srednjoj vatri 10 minuta ili dok ne porumene.

b) Dodajte smjesu i preostale sastojke u sporo kuhalo. Posolite.

c) Zatvorite kuhalo i kuhajte na JAKO 4 sata ili na NISKO 8 sati.

d) Otvorite poklopac, dobro promiješajte i umočite posudu.

e) Uživajte toplo uz vegetarijanske štapiće, tortilje, itd.

PIZZA

30. Pizza s govedinom i gljivama

SASTOJCI

- Višenamjensko brašno za posipanje kore za pizzu ili neljepljivi sprej za podmazivanje pladnja za pizzu
- 1 domaće tijesto
- 1 žlica neslanog maslaca
- 1 mali žuti luk, nasjeckani (oko 1/2 šalice)
- 5 unci cremini ili bijelih šampinjona, tanko narezanih (oko 11/2 šalice)
- 8 unci (1/2 funte) nemasne mljevene govedine
- 2 žlice suhog šerija, suhog vermuta ili suhog bijelog vina
- 1 žlica mljevenog peršinovog lišća
- 2 žličice Worcestershire umaka
- 1 žličica listova majčine dušice bez peteljki
- 1 žličica mljevenih listova kadulje
- 1/2 žličice soli
- 1/2 žličice svježe mljevenog crnog papra
- 2 žlice umaka za odreske u boci
- 6 unci Cheddara, nasjeckanog

UPUTE

a) Svježe tijesto na kamenu za pizzu. Koru za pizzu pospite brašnom i postavite tijesto u sredinu. Oblikujte tijesto u veliki krug udubljujući ga vrhovima prstiju.

b) Svježe tijesto na kamenu za pizzu. Koru za pizzu pospite brašnom. Stavite tijesto na njega i vršcima prstiju udubite tijesto u veliki krug. Podignite tijesto za rub i okrećite ga rukama dok ne postane krug promjera oko 14 inča. Oblikovano tijesto pobrašnjenom stranom prema dolje staviti na koru.

c) Svježe tijesto na pladnju za pizzu. Podmažite ili neljepljivim sprejom. Položite tijesto na pladanj ili lim za pečenje i udubite ga vrhovima prstiju — zatim ga povucite i pritisnite dok ne formira krug od 14 inča na pladnju ili nepravilni pravokutnik 12 × 7 inča na limu za pečenje.

d) Zapečena kora. Stavite je na koru za pizzu ako koristite kamen za pizzu—ili pečenu koru stavite na pladanj za pizzu.

e) Rastopite maslac u velikoj tavi na srednjoj vatri. Dodajte luk kuhajte, često miješajući, dok ne omekša, oko 2 minute.

f) Dodati gljive i dalje kuhati uz povremeno miješanje dok ne omekšaju, ispuste tekućinu i ona ispari do glazure, oko 5 minuta.

g) Crumble kuhajte u mljevenoj govedini, povremeno miješajući, dok dobro ne porumeni i kuha se oko 4 minute.

h) Umiješajte šeri ili njegovu zamjenu, peršin, Worcestershire umak, majčina dušica, kadulja, sol i papar. Nastavite kuhati, neprestano miješajući, dok se tava ponovno ne osuši. Odložite s vatre.

i) Ravnomjerno rasporedite umak od odreska po kori, ostavljajući rub od 1/2 inča na rubu. Povrh stavite nasjeckani cheddar, održavajući rub čistim.

j) Žlicom i ravnomjerno rasporedite smjesu mljevene govedine po siru. Zatim skliznite pizzu s kore na vrući kamen— ili stavite pitu na pladanj za pizzu ili pobrašnjeni lim u pećnici ili na nezagrijani dio rešetke roštilja.

k) Pecite ili pecite na roštilju sa zatvorenim poklopcem dok se sir ne počne stvarati mjehuriće, a korica na rubu ne postane smeđa i donekle čvrsta na dodir, 16 do 18 minuta. Pazite da izbacite sve mjehuriće zraka koji se pojave na svježem tijestu, osobito na rubu i osobito tijekom prvih 10 minuta pečenja.

l) Gurnite koru natrag ispod kore, pazeći da ne izgubite preljev, a zatim ostavite sa strane na 5 minuta—ili stavite pizzu na pladanj za pizzu na rešetku na isto vrijeme prije rezanja i posluživanja. Budući da su preljevi posebno teški, možda neće biti moguće
lako uklonite pizzu s kore, pladnja ili lima za pečenje prije rezanja.

31. Pizza s mesnim okruglicama

SASTOJCI

- 1 domaće tijesto
- 8 unci nemasne mljevene govedine
- 1/4 šalice nasjeckanog peršinovog lišća
- 2 žlice običnih osušenih krušnih mrvica
- 1/2 unce Asiago, Grana Padano, sitno naribano
- 2 žličice mljevenih listova origana
- 1/2 žličice sjemena komorača
- 1/4 žličice soli
- 1/4 žličice svježe mljevenog crnog papra
- 5 češnjaka, mljevenog
- 1 žlica maslinovog ulja
- 1 manja glavica žutog luka nasjeckana
- 14 unca limenke zgnječenih rajčica
- 1 žličica listova majčine dušice bez peteljki
- 1/4 žličice ribanog ili mljevenog muškatnog oraščića
- 1/4 žličice mljevenog klinčića
- 1/4 žličice pahuljica crvene paprike
- 6 unci mozzarelle, nasjeckane
- 2 unce parmigiane, izrezane na tanke trake

UPUTE

a) Svježe tijesto na kamenu za pizzu. Pospite koru za pizzu brašnom, stavite tijesto u sredinu i oblikujte tijesto u veliki krug tako da ga vršcima prstiju udubite. Podignite ga i oblikujte držeći njegov rub i okrećući ga, cijelo vrijeme ga nježno rastežući, dok ne bude otprilike 14 inča u promjeru. Stavite ga pobrašnjenom stranom prema dolje na koru.

b) Svježe tijesto na pladnju za pizzu. Na papirnati ubrus namažite malo maslinovim uljem i namastite pleh. Položite tijesto u sredinu i vrhovima prstiju udubljujte tijesto dok ne postane spljošteni krug—a zatim ga povucite i pritisnite dok ne formira krug od 14 inča na pladnju ili nepravilni pravokutnik 12 × 7 inča na limu za pečenje.

c) Stavite je na pobrašnjenu koru za pizzu ako koristite kamen za pizzu—ili pečenu koru stavite na podmazan pleh za pizzu.

d) Pomiješajte mljevenu govedinu, peršin, krušne mrvice, naribani sir, origano, sjemenke komorača, 1/2 žličice soli, 1/2 žličice papra i 1 mljeveni češanj češnjaka u velikoj zdjeli dok se dobro ne sjedini. Oblikujte 10 mesnih okruglica, koristeći za svaku otprilike 2 žlice smjese.

e) Zagrijte maslinovo ulje u velikom loncu na srednje jakoj vatri. Dodajte luk i preostala 4 nasjeckana režnja češnjaka kuhajte, često miješajući, dok ne omekšaju, oko 3 minute.

f) Umiješajte zgnječenu rajčicu, majčinu dušicu, muškatni oraščić, klinčiće, ljuskice crvene paprike, preostalu 1/4 žličice soli i preostalu 1/4 žličice papra. Dodajte mesne okruglice i pustite da prokuha.

g) Smanjite vatru i pirjajte nepoklopljeno dok se umak ne zgusne i mesne okruglice ne budu kuhane, oko 20 minuta. Ohladiti na sobnoj temperaturi 20 minuta.

h) Rasporedite nasjeckanu mozzarellu preko pripremljene kore, ostavljajući rub od 1/2 inča na rubu. Izvadite mesne okruglice iz umaka od rajčice i ostavite ih sa strane. Žlicom rasporedite umak od rajčice preko sira, pazeći da rub ostane netaknut.

i) Svaku mesnu okruglicu prerežite na pola i polovice stavite prerezanom stranom prema dolje po cijeloj piti. Na vrh stavite papriku narezanu na kockice, a zatim naribanu parmigianu. Skliznite pizzu s kore na vrući kamen ili je stavite na pladanj ili lim za pečenje u pećnici ili na nezagrijani dio rešetke roštilja.

j) Pecite ili pecite na roštilju sa zatvorenim poklopcem dok umak ne zabubi i korica ne postane zlatnosmeđa, 16 do 18 minuta. Gurnite koru natrag ispod kore kako biste je uklonili s

vrući kamen ili pitu prebacite na pladanj na rešetku. Ohladite 5 minuta prije rezanja.

32. Chicago Style Pizza

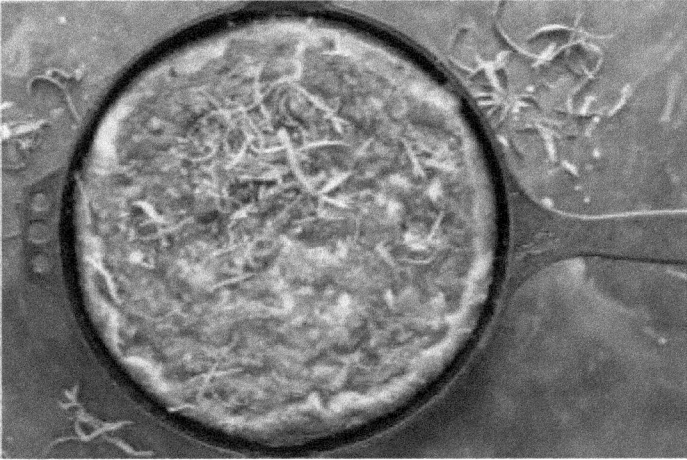

SASTOJCI

- 1 šalica umaka za pizzu
- 12 oz. Naribani mozzarella sir
- 1/2 lb. Mljevena govedina, izmrvljena, kuhana
- 1/4 lb. Talijanska kobasica, izmrvljena, kuhana
- 1/4 lb. Svinjska kobasica, izmrvljena, kuhana
- 1/2 šalice feferona, narezanih na kockice
- 1/2 šalice kanadske slanine, narezane na kockice
- 1/2 šalice šunke, narezane na kockice
- 1/4 lb gljive, narezane na ploške
- 1 mali luk, narezan na ploške
- 1 zelena paprika, očišćena od sjemenki, narezana na ploške
- 2 oz. Naribani parmezan

UPUTE

a) Za tijesto, pospite kvasac i šećer u toplu vodu u maloj posudi i ostavite da odstoji dok se ne zapjeni, oko 5 minuta.

b) Pomiješajte brašno, kukuruznu krupicu, ulje i sol u velikoj zdjeli napravite udubinu u sredini i dodajte smjesu od kvasca. Umijesite mekano tijesto, po potrebi dodajte još brašna. Okrenite na pobrašnjenu dasku i mijesite dok tijesto ne postane meko i elastično, 7 do 10 minuta. Prebacite u veliku zdjelu, pokrijte i ostavite da se diže na toplom mjestu dok se tijesto ne udvostruči, oko 1 sat. Udarac dolje.

c) Razvaljajte tijesto u krug od 13 inča. Prebacite u nauljenu tepsiju za pizzu od 12 inča, preklopite višak da napravite mali rub. Premažite umakom za pizzu i pospite samo šakom mozzarelle sira. Pospite mesom i povrćem. Prelijte preostalom mozzarellom i parmezanom. Ostavite da se diže na toplom mjestu oko 25 minuta.

d) Zagrijte pećnicu na 475 stupnjeva. Pecite pizzu dok korica ne porumeni, oko 25 minuta. Pustite da odstoji 5 minuta prije rezanja.

33. Nizozemska pizza u pećnici

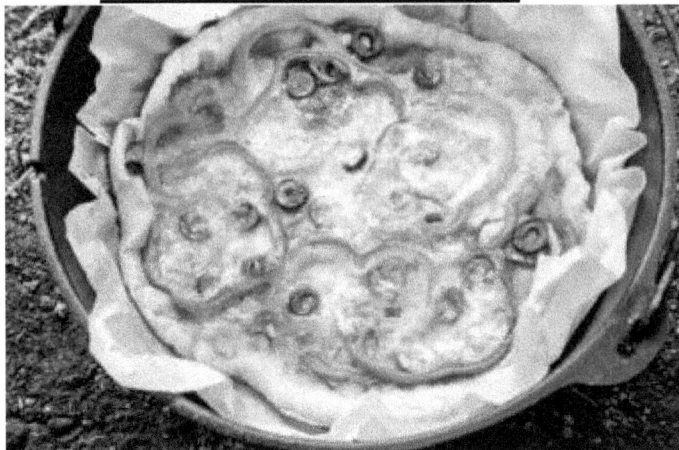

SASTOJCI

- 2 pakiranja. polumjesec rolice
- 1 staklenka umaka za pizzu
- 1 1/2 lb mljevene govedine
- 8 oz nasjeckanog cheddar sira
- 8 oz nasjeckanog sira mozzarella
- 4oz feferona
- 2 žličice origana
- 1 žličica češnjaka u prahu
- 1 žličica luka u prahu

UPUTE

a) Smeđu mljevenu junetinu, ocijediti. Obložite Dutch Oven s 1 pak. polumjesec rolice. Tijesto premažite umakom za pizzu.

b) Dodajte mljevenu junetinu, feferoni i po vrhu pospite origano, češnjak u prahu i luk u prahu. Dodajte sireve i upotrijebite drugo pakiranje. polumjesečaste rolice kako biste formirali gornju koru.

c) Pecite 30 minuta na 350 stupnjeva. Ostalo kao što je nasjeckana zelena paprika, nasjeckana

34. Meksička pizza

SASTOJCI

- 1/2 lb mljevene govedine
- 1/2 žličice soli
- 1/4 žličice sušenog mljevenog luka
- 1/4 žličice paprike
- 1-1/2 žličice čilija u prahu
- 2 žlice vode
- 8 malih (promjera 6 inča) tortilja od brašna
- 1 šalica Crisco masti ili ulja za kuhanje
- 1 (16 oz.) limenka preprženog graha
- 1/3 šalice rajčice narezane na kockice
- 2/3 šalice blage picante salse
- 1 šalica nasjeckanog cheddar sira
- 1 šalica naribanog Monterey Jack sira
- 1/4 šalice nasjeckanog mladog luka
- 1/4 šalice narezanih crnih maslina

UPUTE

a) Kuhajte mljevenu junetinu na srednjoj vatri dok ne porumeni, a zatim ocijedite višak masnoće iz posude. Dodajte sol, luk, papriku, čili u prahu i vodu, a zatim pustite da se smjesa kuha na srednjoj vatri oko 10 minuta. Često promiješajte.

b) Zagrijte ulje ili Crisco mast u tavi na srednje jakoj vatri. Ako se ulje počne dimiti, prevruće je. Kad je ulje vruće, pržite svaku tortilju oko 30-45 sekundi po strani i odložite na papirnate ručnike.

c) Prilikom prženja svake tortilje, pazite da izbacite sve mjehuriće koji se stvore tako da tortilja ravno leži u ulju. Tortilje bi trebale postati zlatno smeđe. Preprženi grah zagrijte u maloj tavi iznad štednjaka ili u mikrovalnoj pećnici.

d) Zagrijte pećnicu na 400F. Kada su meso i tortilje gotovi, složite svaku pizzu tako da prvo rasporedite oko 1/3 šalice prženog graha na lice jedne tortilje. Zatim rasporedite 1/4 do 1/3 šalice mesa, zatim drugu tortilju.

e) Premažite svoje pizze s dvije žlice salse na svaku, zatim razdvojite rajčice i složite ih na vrh. Zatim podijelite sir, luk i masline, slažući tim redom.

f) Stavite pizzu u vruću pećnicu na 8-12 minuta ili dok se sir na vrhu ne otopi. Pravi 4 pizze.

35.Pepperoni Pizza Chili

- 2 kilograma mljevene junetine
- 1 funta ljutih talijanskih kobasica
- 1 veliki luk, nasjeckan
- 1 velika zelena paprika, nasjeckana
- 4 češnja češnjaka, mljevena
- 1 staklenka (16 unci) salse
- 1 limenka (16 unci) ljutih mahuna čilija, neocijeđenih
- 1 konzerva (16 unci) graha, ispranog i ocijeđenog
- 1 limenka (12 unci) umaka za pizzu
- 1 paket (8 unci) narezanih feferona, prepolovljenih
- 1 šalica vode
- 2 žličice čilija u prahu
- 1/2 žličice soli
- 1/2 žličice papra
- 3 šalice (12 unci) nasjeckanog dijela obranog sira mozzarella

UPUTE

a) U nizozemskoj pećnici kuhajte govedinu, kobasicu, luk, zelenu papriku i češnjak na srednjoj vatri dok meso više ne bude ružičasto; ocijedite.

b) Umiješajte salsu, grah, umak za pizzu, feferoni, vodu, čili u prahu, sol i papar. Pustite da prokuha. Smanjite toplinu; poklopite.

36.Pizza Burgeri

- 1 lb mljevene govedine
- 1/4 c nasjeckanih maslina
- 1 c cheddar sira
- 1/2 t češnjaka u prahu
- 18 oz. može umak od rajčice
- 1 luk, narezan na kockice

UPUTE

a) Smeđe meso s češnjakom i lukom.
b) Maknite s vatre i umiješajte umak od rajčice i masline.
c) Stavite u hrenovke sa sirom.
d) Zamotajte u foliju i pecite 15 minuta na 350 stupnjeva.

37. Pizza četvrtkom navečer

- 10 tekućina oz. Topla voda
- 3/4 žličice soli
- 3 žlice biljnog ulja
- 4 C. višenamjensko brašno
- 2 žličice aktivnog suhog kvasca
- 1 (6 oz.) limenka paste od rajčice
- 3/4 šalice vode
- 1 (1,25 oz.) pakiranje mješavine začina za taco, podijeljeno
- 1 žličica čilija u prahu
- 1/2 žličice kajenskog papra
- 1 (16 oz.) konzerva bezmasnog prženog graha
- 1/3 šalice salse
- 1/4 šalice nasjeckanog luka
- 1/2 lb mljevene govedine
- 4 C. naribani sir Cheddar

UPUTE

a) U aparat za kruh dodajte vodu, sol, ulje, brašno i kvasac prema redoslijedu koji preporučuje proizvođač.
b) Odaberite ciklus tijesta.
c) Provjerite tijesto nakon nekoliko minuta.
d) Ako je previše suho i ne miješa se sporo, dodajte vodu 1 žlicu odjednom, dok se ne miješa i dobije lijepu konzistenciju podatnog tijesta.
e) U međuvremenu, u maloj posudi pomiješajte pastu od rajčice, 3/4 pakiranja mješavine začina za taco, kajenski papar, čili u prahu i vodu.
f) U drugoj zdjeli pomiješajte salsu, preprženi grah i luk.
g) Zagrijte veliku tavu i kuhajte mljevenu govedinu dok potpuno ne porumeni.
h) Ocijedite višak masnoće iz tave.
i) Dodajte preostalu 1/4 pakiranja začina za taco i malo vode i pirjajte nekoliko minuta.
j) Maknite sve s vatre.

k) Postavite pećnicu na 400 stupnjeva F prije nastavka.

l) Nakon završetka ciklusa tijesta, izvadite tijesto iz stroja.

m) Podijelite tijesto na 2 dijela i stavite u dvije posude od 12 inča.

n) Preko svakog tijesta rasporedite sloj mješavine graha, zatim sloj smjese paste od rajčice, mješavine govedine i cheddar sira.

o)   Sve pecite u pećnici oko 10-15 minuta, na pola vremena pečenja okrenite.

38. Hamburger Pizza

8 peciva za hamburger, podijeljenih
1 lb mljevene govedine
- 1/3 šalice luka, nasjeckanog
- 1 (15 oz.) limenka umaka za pizzu
- 1/3 šalice ribanog parmezana
- 2 1/4 žličice talijanskog začina
- 1 žličica češnjaka u prahu
- 1/4 žličice luka u prahu
- 1/8 žličice mljevene crvene paprike
- 1 žličica paprike
- 2 C. naribani sir mozzarella

UPUTE

a) Postavite pećnicu na brojlere i postavite rešetku pećnice oko 6 inča od grijaćeg elementa.

b) U lim za pečenje posložite polovice peciva, korom prema dolje i sve pecite ispod pečenja oko 1 minutu.

c) Sada postavite pećnicu na 350 stupnjeva F.

d) Zagrijte veliku tavu na srednje jakoj vatri i kuhajte govedinu oko 10 minuta.

e) Ocijedite višak masnoće iz tave.

f) Umiješajte luk i sve zajedno pržite oko 5 minuta.

g) Dodajte ostatak osim mozzarelle sira i pustite da prokuha.

h) Kuhajte uz povremeno miješanje 10-15 minuta.

i) Složite kiflice na lim za pečenje i nadjenite ih ravnomjerno smjesom od goveđeg mesa i mozzarelle.

j) Sve kuhajte u pećnici oko 10 minuta.

39. Backroad Pizza

1 (10,75 oz.) limenka kondenzirane krem juhe od gljiva, nerazrijeđena

- 1 (12 inča) prethodno pečena tanka kora za pizzu
- 1 (8 oz.) paket nasjeckanog sira Cheddar

UPUTE

a) Postavite pećnicu na 425 stupnjeva F prije bilo čega drugog.
b) Zagrijte veliku tavu na srednje jakoj vatri i kuhajte govedinu dok potpuno ne porumeni.
c) Ocijedite višak masnoće iz tave.
d) Ravnomjerno stavite krem juhu od gljiva preko kore pizze i na vrh stavite kuhanu govedinu, a zatim sir.
e) Sve zapecite u pećnici oko 15 minuta.

40.Pizze za djecu

1 lb svježe, mljevene svinjske kobasice

1 glavica luka nasjeckana

●10 oz. topljeni američki sir, kockice●32 oz. koktel
raženi kruh

UPUTE

a) Postavite pećnicu na 350 stupnjeva F prije bilo čega drugog.

b) Zagrijte veliku tavu i kuhajte kobasice i govedinu dok
   potpuno ne porumene.

c) Dodajte luk i kuhajte dok ne omekša i ocijedite višak
   masnoće iz tave.

d) Umiješajte topljeni sir i kuhajte dok se sir ne otopi.

e) Na lim za kolačiće stavite kriške kruha i na svaku krišku
   stavite punu žlicu goveđe smjese.

f) Sve zapecite u pećnici oko 12-15 minuta.

41.Pizza s mlaćenicom

1/4 lb narezane feferone kobasice

1 (14 oz.) limenka umaka za pizzu

- 2 (12 oz.) paketa rashlađenog tijesta za biskvit s mlaćenicom
- 1/2 glavice luka narezati i odvojiti na kolutove
- 1 (10 oz.) limenka narezanih crnih maslina
- 1 (4,5 oz.) limenka narezanih gljiva
- 1 1/2 šalice nasjeckanog sira mozzarella ▯ 1 šalica nasjeckanog sira Cheddar

UPUTE

a) Zagrijte pećnicu na 400 stupnjeva F prije bilo čega drugoga i namastite posudu za pečenje 13x9 inča.

b) Zagrijte veliku tavu na srednje jakoj vatri i kuhajte govedinu dok potpuno ne porumeni.

c) Dodajte feferone i kuhajte dok ne porumene i ocijedite višak masnoće iz tave.

d) Umiješajte umak za pizzu i sve maknite s vatre.

e) Svaki biskvit narežite na četvrtine i složite u pripremljenu posudu za pečenje.

f) Ravnomjerno stavite goveđu smjesu preko keksa i nadjenite ih lukom, maslinama i gljivama.

g) Sve zapecite u pećnici oko 20-25 minuta.

42. Worcestershire pizza

- 1/2 lb nemasne mljevene govedine
- 1/2 šalice feferona narezanih na kockice
- 1 1/4 šalice umaka za pizzu
- 1 šalica izmrvljenog feta sira
- 1/2 žličice Worcestershire umaka
- 1/2 žličice umaka od ljutih papričica
- sol i mljeveni crni papar po ukusu
- sprej za kuhanje
- 1 (10 oz.) limenka tijesta za biskvit u hladnjaku
- 1 žumanjak
- 1 šalica naribanog mozzarella sira

UPUTE

a) Postavite pećnicu na 375 stupnjeva F prije nego što radite bilo što drugo i namastite lim za kolačiće.

b) Zagrijte veliku tavu na srednje jakoj vatri i kuhajte govedinu dok potpuno ne porumeni.

c) Ocijedite višak masnoće iz tave i smanjite vatru na srednju.

d) Umiješajte umak za pizzu, feferone, fetu, umak od ljutih papričica, Worcestershire umak, sol i papar i pržite uz miješanje oko 1 minutu.

e) Odvojite kekse i rasporedite ih na pripremljeni lim za kekse na udaljenosti od oko 3 inča.

f) Dnom čaše pritisnite svaki keks kako biste oblikovali okrugli biskvit od 4 inča s rubom od 1/2 inča oko vanjskog ruba.

g) U manju zdjelu dodajte žumanjak i 1/4 žličice vode i dobro umutite.

h) Stavite otprilike 1/4 šalice goveđe smjese u svaku čašicu za kekse i pospite mozzarellom.

i) Sve zapecite u pećnici oko 15-20 minuta.

43. Pizza Rigatoni

SASTOJCI

- 1 1/2 lb mljevene govedine
- 1 (8 oz.) paket tjestenine rigatoni
- 1 (16 oz.) paket nasjeckanog sira mozzarella
- 1 (10,75 oz.) limenka kondenzirane krem juhe od rajčice
- 2 (14 oz.) staklenke umaka za pizzu
- 1 (8 oz.) paket narezanih feferona kobasice

UPUTE

a) U velikoj posudi s lagano posoljenom kipućom vodom kuhajte tjesteninu oko 8-10 minuta.

b) Dobro ocijedite i ostavite sa strane.

c) U međuvremenu zagrijte veliku tavu na srednje jakoj vatri i kuhajte govedinu dok potpuno ne porumeni.

d) Ocijedite višak masnoće iz tave.

e) U sporo kuhalo stavite govedinu, zatim tjesteninu, sir, juhu, umak i feferoni kobasicu.

f) Postavite sporo kuhalo na Low i kuhajte poklopljeno oko 4 sata.

44. Pizza u meksičkom stilu

SASTOJCI

- 1 lb mljevene govedine
- 1 glavica luka nasjeckana
- 2 srednje rajčice, nasjeckane
- 1/2 žličice soli i 1/4 žličice papra
- 2 žličice čilija u prahu i 1 žličica mljevenog kumina
- 1 (30 oz.) limenka preprženog graha
- 14 (12 inča) tortilja od brašna
- 2 C. kiselo vrhnje
- 1 1/4 lb. naribanog Colby sira
- 1 1/2 lb. naribanog Monterey Jack sira
- 2 crvene paprike, očišćene od sjemenki i tanko narezane
- 4 zelene paprike, očišćene od sjemenki i narezane na tanke ploške
- 1 (7 oz.) konzerva zelenih čilija narezanih na kockice, ocijeđenih i 3 rajčice, nasjeckane
- 1 1/2 šalica nasjeckanog kuhanog pilećeg mesa
- 1/4 šalice maslaca, otopljenog
- 1 (16 oz.) staklenka picante umaka

UPUTE

a) Zagrijte pećnicu na 350 stupnjeva F prije nego što radite bilo što drugo i namastite posudu za pečenje 15x10 inča.

b) Zagrijte veliku tavu na srednje jakoj vatri i kuhajte govedinu dok potpuno ne porumeni.

c) Ocijedite višak masnoće iz tave.

d) Dodajte luk i 2 rajčice i kuhajte dok ne omekšaju.

e) Umiješajte preprženi grah, čili u prahu, kumin, sol i papar i kuhajte dok se potpuno ne zagrije.

f) Rasporedite 6 tortilja na pripremljenu posudu tako da rubovi idu dobro preko stijenki posude.

g) Ravnomjerno rasporedite smjesu graha po tortiljama, zatim polovicu kiselog vrhnja, 1/3 Colby sira, 1/3 Monterey Jack sira, 1 žlicu zelenog čilija, 1/3 trakica zelene paprike, i 1/3 trakica crvene paprike i 1/3 nasjeckane rajčice.

h) Preko preljeva stavite 4 tortilje i prelijte preostalim vrhnjem, zatim nasjeckanom piletinom, 1/3 oba sira, crvenom i zelenom paprikom, čilijem i rajčicama.

i) Sada stavite 4 tortilje, zatim preostale sireve, paprike, rajčice, čili i završite s malo nasjeckanog sira na vrh.

j) Savijte rubove koji vise prema unutra i pričvrstite čačkalicama.

k) Površine tortilje premažite otopljenim maslacem.

l) Sve pecite u pećnici oko 35-45 minuta.

m) Izvadite čačkalice i ostavite sa strane najmanje 5 minuta prije rezanja.

n) Poslužite s preljevom od picante umaka.

MESNE OKRUGLICE

45.Petnaestominutne mesne okruglice

Iskorištenje: 15 mesnih okruglica
Vrijeme kuhanja: 15 minuta

SASTOJCI

- 1 funta mljevene govedine
- 3/4 šalice suhih krušnih mrvica
- 1/2 šalice vode
- 1/4 šalice grubo nasjeckanog svježeg peršina
- 1 jaje
- 1-1/2 žličice češnjaka u prahu
- 1 žličica soli
- 1 žličica crnog papra
- 1 staklenka (28 unci) umaka za špagete ⬚ 1/3 šalice ribanog parmezana
- 1 šalica (4 unce) nasjeckanog mozzarella sira (po izboru)

UPUTE

a) U velikoj zdjeli pomiješajte mljevenu govedinu, krušne mrvice, vodu, peršin, jaje, češnjak u prahu, sol i papar; dobro promiješajte.

b) Od smjese oblikujte 15 mesnih okruglica i stavite u posudu za pečenje 9 x 13 inča prikladnu za mikrovalnu pećnicu.

c) U srednjoj zdjeli pomiješajte umak za špagete i parmezan; preliti preko mesnih okruglica.

d) Pokrijte plastičnom folijom i pecite u mikrovalnoj pećnici na 70% snage 12 minuta, ili dok se mesne okruglice potpuno ne ispeku.

e) Uklonite plastičnu foliju i po želji pospite mozzarellom. Stavite u mikrovalnu pećnicu na 70% snage još 1 do 1-1/2 minute, ili dok se sir ne otopi.

46.Ćufte u umaku od rajčice

Poslužuje: 4

SASTOJCI:
- 2 žlice maslinovog ulja
- 8 oz. mljevena junetina
- 1 šalica (2 oz.) svježih bijelih krušnih mrvica
- 2 žlice naribanog manchego ili parmezana
- 1 žlica paste od rajčice
- 3 češnja češnjaka, sitno nasjeckana
- 2 mladog luka, sitno nasjeckanog
- 2 žličice nasjeckanog svježeg timijana
- 1/2 žličice kurkume
- Sol i papar, po ukusu
- 2 šalice (16 oz.) konzerviranih rajčica šljiva, nasjeckanih
- 2 žlice crnog vina
- 2 žličice nasjeckanih listova svježeg bosiljka
- 2 žličice nasjeckanog svježeg ružmarina

UPUTE:
a) Pomiješajte govedinu, krušne mrvice, sir, pastu od rajčice, češnjak, mladi luk, jaje, majčinu dušicu, kurkumu, sol i papar u zdjeli za miješanje.

b) Smjesu rukama oblikujte u 12 do 15 čvrstih kuglica.

c) U tavi zagrijte maslinovo ulje na srednje jakoj vatri. Kuhajte nekoliko minuta, odnosno dok mesne okruglice ne porumene sa svih strana.

d) U velikoj zdjeli za miješanje pomiješajte rajčice, vino, bosiljak i ružmarin. Kuhajte uz povremeno miješanje oko 20 minuta, odnosno dok polpete ne budu gotove.

e)   Obilno posolite i popaprite, a zatim poslužite uz blanširane rapine, špagete ili kruh.

47.Ćufte Ražnjići

IZRADA: 6 ražnjića
UKUPNO VRIJEME: 12 minuta

SASTOJCI
ZA ĆUFTE:

- 1 lb mljevene govedine
- 1 jaje
- 1/4 šalice bademovog brašna
- 1 žličica mljevenog đumbira
- 1/2 žličice sezamovog ulja
- 1 1/2 žlice sojinog umaka bez glutena
- 1/4 šalice mladog luka, nasjeckanog ZA UMAK:
- 1 žlica sojinog umaka bez glutena
- 2 žlice maslaca, otopljenog
- 1 žličica sezamovog ulja ⬚ 1/4 žličice češnjaka u prahu ⬚ Za ražnjiće:
- 1 mala tikvica, izrezana po dužini na ploške od 1 inča ⬚ 1/2 malog crvenog luka, izrezanog na komade od 1 inča.
- 6 cremini gljiva srednje veličine, narezanih na pola

UPUTE
ZA ĆUFTE:

a) U srednjoj zdjeli za miješanje pomiješajte sve sastojke za mesne okruglice i dobro promiješajte. Od smjese napravite oko 18 mesnih okruglica.

b) Pržite mesne okruglice minutu ili dvije sa svake strane u zagrijanoj tavi s neprijanjajućim premazom dok ne budu dovoljno čvrste za nabod.

c) U maloj zdjeli za miješanje pomiješajte sve sastojke za umak dok ne postanu glatki.

ZA RAŽNJIĆE:

d) Stavite tri mesne okruglice, dvije polovice gljiva, nekoliko dijelova luka i dva segmenta tikvice na svaki od šest dugih ražnjića.

e) Sve strane ražnjića temeljito premažite umakom.

f) Pecite na roštilju oko 2 minute sa svake strane na jakoj vatri ili dok povrće ne bude kuhano, a mesne okruglice potpuno gotove.

48.Zasitni špageti i mesne okruglice

SASTOJCI

- 1 glavica luka nasjeckana
- 2 zgnječena češnja češnjaka
- 2 žlice grubo nasjeckanog svježeg peršinovog lišća
- 1 šalica bademovog mlijeka
- 2 lb mljevene govedine
- 2 velika jaja
- 1/2 šalice ribanog parmigiana sira
- sol i crni papar
- 2 šalice domaćeg umaka za špagete
- 1 lb špageta

UPUTE

a) Zagrijte 3 žlice ulja u tavi na srednje jakoj vatri. Dodajte luk, češnjak i peršin i kuhajte dok povrće ne omekša, ali još uvijek bude prozirno oko 10 minuta. Ostavite da se ohladi.

b) Ulijte dovoljno mlijeka u posudu.

c) Dodajte jaja, sir, sol i papar. Sve dobro sjediniti.

d) Dodajte mljevenu junetinu i promiješajte da se sjedini. Pazite da ne pretjerate s mesnim okruglicama – inače će biti žilave.

e) Podijelite smjesu na 10 vrlo velikih mesnih okruglica.

f) U tavi zagrijte 3 žlice ulja i popržite sa svih strana. Dodati umak i ostaviti da lagano kuha 30 minuta.

49.Mesne okruglice od sira

porcije: 3 (4 mesne okruglice)

SASTOJCI:

- 1 unca svinjskih kora
- 1 funta mljevene govedine hranjene travom
- $\frac{1}{2}$ žličice ružičaste morske soli
- Mješavina talijanskog sira od 1 $\frac{1}{2}$ unce
- 1 veće pašeno jaje
- $\frac{1}{2}$ žlice svinjske masti

UPUTE:

a) Pripremite lim za pečenje obložite ga papirom za pečenje. Zagrijte pećnicu na 350° F.

b) Pomiješajte govedinu, svinjske kožice, sol, jaje, sir i mast u zdjeli. Od smjese napravite 12 jednakih dijelova i oblikujte kuglice. Stavite kuglice na lim za pečenje.

c) Polpete pecite oko 20-30 minuta. Okrenite kuglice nakon otprilike 10-12 minuta pečenja. Kada su mesne okruglice dobro pečene, unutarnja temperatura u središtu ćufte trebala bi biti 165°F.

d) Možete kuhati mesne okruglice u fritezi ako je imate. Okrenite kuglice nekoliko puta dok se peku u fritezi.

e) Izvadite polpete iz tave i poslužite.

50.Ćufte i umak za špagete

1 šalica mesnih okruglica

¼ žličice soli

¼ žličice mljevenog crnog papra

½ šalice ribanog parmezana

- 1 funta nemasne mljevene govedine
- 1 žlica maslinovog ulja
- 2 luka nasjeckana
- 4 zgnječena češnja češnjaka odn
- 2 Mljevena češnjaka
- 14 unci Može Umak od rajčice
- ½ šalice crnog vina (po želji)
- 1 slatka zelena paprika
- 1 žličica osušenih listova bosiljka
- ½ žličice lista origana

UPUTE:

a) Oblikujte meso u mesne okruglice od 1 inča. Dodajte u umak za špagete koji se kuhaju.

b) U velikom loncu zagrijte ulje na srednjoj vatri. Dodajte luk i češnjak. pirjajte 2 minute. Dodajte preostalo Sastojci. Poklopite i pustite da zavrije uz često miješanje.

c) Zatim smanjite temperaturu i kuhajte uz često miješanje najmanje 15 minuta.

51.Ćufte s rezancima u jogurtu

2 funte mljevene junetine

Prstohvat kajenskog papra, kurkume, korijandera i cimeta

Sol i crni papar

2 češnja češnjaka

- 1 žlica biljnog ulja
- 1 španjolski luk
- 6 zrelih rajčica -- jezgra,
- 4 sušene rajčice ▯ Rezanci

UPUTE:

a) U zdjeli pomiješajte govedinu, cimet, korijander, kurkumu, kajensku papriku, sol, papar i polovicu češnjaka.

b) Čistim rukama dobro promiješajte, a zatim od mesa oblikujte mesne okruglice od $\frac{3}{4}$ inča. Ostavite ih sa strane.

c) U većoj šerpi zagrijte ulje, dodajte luk i dodajte ćufte. Kuhajte, često ih okrećući.

d) Dodajte rajčice i preostali češnjak. Dodajte sušene rajčice, sol, papar i kuhajte smjesu 5 minuta na laganoj vatri, miješajući jednom ili dva puta.

e) Za rezance: Zakuhajte veliki lonac vode. Dodajte rezance i skuhajte.

f) Umiješajte jogurt, češnjak i sol. Temeljito promiješajte i prebacite u 6 širokih zdjela.

52.Stracciatelle s mesnim okruglicama

1 litra pileće juhe

2 šalice vode

½ šalice pastine

1 žličica svježeg peršina, nasjeckanog

- ½ funte nemasne mljevene govedine
- 1 jaje
- 2 žličice aromatiziranih krušnih mrvica
- 1 žličica ribanog sira
- 1 mrkva, tanko narezana
- ½ funte špinata, samo lisnatog
- Dio julienned
- 2 žličice svježeg peršina, nasjeckanog
- 1 manji luk, nasjeven
- 2 jaja
- Ribani sir

UPUTE:

a) U loncu za juhu pomiješajte sastojke za juhu i lagano zakuhajte. Pomiješajte mesne sastojke u zdjeli, mnogo sitnih mesnih okruglica i ubacite u kipuću juhu.

b) U maloj zdjeli umutiti 2 jaja. Drvenom kuhačom miješajte juhu dok polako ubacujete jaja, stalno miješajući. Maknite s vatre. Pokrijte i ostavite stajati 2 minute.

c) Poslužite s ribanim sirom.

53.Juha s mesnim okruglicama i raviolima

1 žlica maslinovog ulja ili ulja za salatu

1 veliki luk; sitno nasjeckan

1 češanj češnjaka; mljeveno

28 unci Konzervirane rajčice; nasjeckana

- $\frac{1}{4}$ šalice paste od rajčice
- $13\frac{3}{4}$ unce goveđe juhe
- $\frac{1}{2}$ šalice suhog crnog vina
- Prstohvat osušenog bosiljka, majčine dušice i origana
- 12 unci raviola; punjen sirom
- $\frac{1}{4}$ šalice peršina; nasjeckana
- Parmezan sir; naribana
- 1 jaje
- $\frac{1}{4}$ šalice mekih krušnih mrvica
- $\frac{3}{4}$ žličice soli od luka
- 1 češanj češnjaka; mljeveno
- 1 funta nemasne mljevene govedine

UPUTE:

a) Polpete pažljivo zapecite na zagrijanom ulju.

b) Umiješajte luk i češnjak i kuhajte oko 5 minuta, pazeći da se mesne okruglice ne raspadnu. Dodajte rajčice i njihovu tekućinu, pastu od rajčice, juhu, vino, vodu, šećer, bosiljak, timijan i origano.

c) Dodajte raviole

54.Bugarska juha s mesnim okruglicama

Prinos: 8 porcija

SASTOJCI

- 1 funta mljevene govedine
- 6 žlica riže
- 1 žličica paprike
- 1 žličica sušenog čubra
- Sol papar
- Brašno
- 6 šalica vode
- 2 goveđe bujon kocke
- $\frac{1}{2}$ vezice zelenog luka; narezan na kriške
- 1 zelena paprika; nasjeckana
- 2 mrkve; oguljene, tanko narezane
- 3 rajčice; oguljene i nasjeckane
- 1 Sm. žuti čili, split
- $\frac{1}{2}$ vezice peršina; mljeveno
- 1 jaje
- 1 limun (samo sok)

UPUTE:

a) Pomiješajte junetinu, rižu, papriku i slaninu. Začinite po ukusu solju i paprom. Lagano, ali temeljito izmiješajte. Oblikujte kuglice od 1 inča.

b) Pomiješajte vodu, kocke bujona, 1 žlicu soli, 1 žličicu papra, mladi luk, zelenu papriku, mrkvu i rajčicu u velikom kuhalu za vodu.

c) Poklopite, pustite da zavrije, smanjite vatru i kuhajte 30 minuta.

55.Mesne okruglice i hrenovke

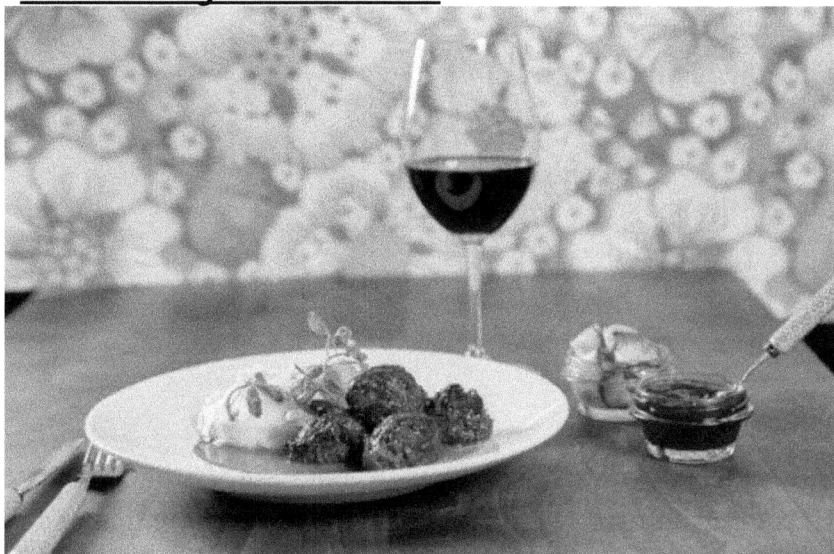

1 funta mljevene junetine

1 Jaje, malo tučeno

¼ šalice krušnih mrvica, suhih

1 srednji luk, nariban

- 1 žlica soli
- ¾ šalice čili umaka
- ¼ šalice želea od grožđa
- 2 žlice soka od limuna
- 1 šalica hrenovki

UPUTE:

a) Pomiješajte govedinu, jaje, mrvice, luk i sol. Oblikujte male loptice. Pomiješajte čili umak, žele od grožđa, limunov sok i vodu u velikoj tavi.

b) Toplina; dodajte mesne okruglice i pirjajte dok se meso ne skuha.

c) Neposredno prije posluživanja dodajte franke i zagrijte.

56. Manhattan mesne okruglice

2 funte nemasne mljevene govedine

2 šalice mekih krušnih mrvica

½ šalice nasjeckanog luka

2 jaja

- 2 žlice nasjeckanog svježeg peršina
- 1 žličica soli
- 2 žlice margarina
- 1 staklenka; (10 oz.) Kraft marelice
- ½ šalice Kraft umaka za roštilj UPUTE:

a) Pomiješajte meso, mrvice, luk, jaja, peršin i sol. Oblikujte mesne okruglice od 1 inča.

b) Zagrijte pećnicu na 350 stupnjeva. Smeđe mesne okruglice u margarinu u velikoj tavi na srednje jakoj vatri; odvoditi. Stavite u posudu za pečenje 13 x 9 inča.

c) Pomiješajte konzerve i umak za roštilj; preliti preko mesnih okruglica. Pecite 30 minuta, povremeno miješajući.

57.Vijetnamske mesne okruglice

1½ funte nemasne mljevene govedine

1 češanj češnjaka, zgnječen

1 bjelanjak

1 žlica šerija

- 2 žlice soja umaka ⬜ ½ žličice tekućeg dima
- 2 žlice ribljeg umaka
- 1 prstohvat šećera
- 1 sol i bijeli papar
- 2 žlice kukuruznog škroba
- 1 žlica sezamovog ulja UPUTE:

a) Miješajte smjesu mikserom ili kuhačom dok ne bude vrlo glatka.

b) Na ražnjiće oblikujte male polpete (oko šest okruglica na ražnjić).

c) Pecite do savršenstva.

58.Predjela od švedskih mesnih okruglica

2 žlice ulja za kuhanje

1 funta mljevene govedine

1 jaje

1 šalica mekih krušnih mrvica

- 1 žličica smeđeg šećera
- $\frac{1}{2}$ žličice soli
- $\frac{1}{4}$ žličice papra
- $\frac{1}{4}$ žličice đumbira
- $\frac{1}{4}$ žličice mljevenog klinčića
- $\frac{1}{4}$ žličice muškatnog oraščića
- $\frac{1}{4}$ žličice cimeta
- $\frac{2}{3}$ šalice mlijeka
- 1 šalica kiselog vrhnja
- $\frac{1}{2}$ žličice soli UPUTE:

a) Zagrijte ulje za kuhanje u tavi. Sve preostalo pomiješajte Sastojci, osim kiselog vrhnja i $\frac{1}{2}$ žličice soli.

b) Oblikujte mesne okruglice veličine predjela (promjera oko 1 inča). Pecite ih na ulju sa svih strana dok nisu potpuno pečeni.

c) Izvadite iz posude i ocijedite na papirnatim ubrusima. Odlijte višak masnoće i malo ohladite pleh. Dodati malo kiselog vrhnja da se umuti i promiješati. Zatim dodajte preostalo kiselo vrhnje i $\frac{1}{2}$ žličice soli, miješajući da se sjedini.

59.Afganistanska kofta

- 1 luk sitno nasjeckan
- 1 sitno mljevena zelena paprika
- 1 lb mljevene govedine
- 1 žličica češnjaka sitno nasjeckanog
- ½ žličice mljevenog korijandera
- Posolite i popaprite po ukusu

UPUTE:

a) Zamijesite govedinu, luk, papriku, češnjak te sol i papar.

b) Pustite da odstoji 30 minuta da se okusi prožmu. Oblikujte 16 ovalnih kuglica.

c) Nanizajte 4 na ražnjiće naizmjence s četvrtinom luka, četvrtinom zelene paprike i cherry rajčicom na svaki ražnjić. Pecite oko 5 minuta dok ne porumene, okrenite i pecite drugu stranu.

60. Škotske mesne okruglice

1 funta nemasne mljevene govedine

1 Jaje, malo tučeno

3 žlice brašna

$\frac{1}{4}$ žličice svježe mljevenog crnog papra

- 3 žlice mljevenog luka
- 3 žlice biljnog ulja
- ⅓ šalice pileće juhe
- 1 limenka od 8 unci zdrobljenog ananasa, ocijeđenog
- 1$\frac{1}{2}$ žlica kukuruznog škroba
- 3 žlice soja umaka
- 3 žlice običnog crvenog vinskog octa
- 2 žlice vode
- $\frac{1}{4}$ šalice škotskog viskija
- ⅓ šalice pileće juhe●½ šalice zelene paprike narezane na kockice UPUTE:

a) Pomiješajte prvih šest sastojaka. Nježno oblikujte kuglice promjera oko 1 inča.

b) Posudu zapržite na ulju u tavi od 10 inča.

c) U međuvremenu napravite sljedeći škotski umak.

d) Dodajte mesne okruglice i zelenu papriku. Lagano kuhajte još oko 10 minuta. Poslužite s rižom.

61.Havajske mesne okruglice

2 funte mljevene junetine
⅔ šalice mrvica Graham krekera
⅓ šalice mljevenog luka
¼ žličice đumbira
- 1 žličica soli
- 1 jaje
- ¼ šalice mlijeka
- 2 žlice kukuruznog škroba
- ½ šalice smeđeg šećera
- ⅓ šalice octa
- 1 žlica soja umaka
- ⅓ šalice nasjeckane zelene paprike●13½ unce konzerva zdrobljenog ananasa

UPUTE:

a) Pomiješajte mljevenu govedinu, mrvice krekera, luk, đumbir, sol, jaje i mlijeko i napravite kuglice od 1 inča. Zažutite i stavite u posudu za pečenje.

b) Pomiješajte kukuruzni škrob, smeđi šećer, ocat, sojin umak i zeleni papar. Kuhajte na srednjoj vatri dok se ne zgusne. Dodajte zdrobljeni ananas i sok.

c) Zagrijati i preliti preko mesnih okruglica. Dobro zagrijte i poslužite.

62.Ruske ćufte

1 funta mljevene govedine

1 funta mljevene teletine

$\frac{1}{2}$ šalice nasjeckanog luka

$\frac{1}{4}$ šalice topljene bubrežne masti

- 2 kriške Break, natopljene mlijekom, stisnute na suho
- 2 žličice soli
- Mljeveni papar
- Fine krušne mrvice
- Maslac ili goveđa mast
- 2 šalice kiselog vrhnja
- $\frac{1}{2}$ funte narezanih gljiva, pirjanih UPUTE:

a) U topljenoj bubrežnoj masti dinstati luk dok ne uvene. Pomiješajte junetinu, teletinu, luk, kruh, sol i malo papra. Dobro umijesiti i ohladiti.

b) Navlažite ruke i oblikujte smjesu u kuglice veličine zlatnih kuglica. Uvaljajte u mrvice i pržite na maslacu ili goveđoj masti dok ne porumene. Izvadite i držite na toplom.

c) Dodajte kiselo vrhnje i gljive u tavu. Toplina. Prelijte meso umakom.

63.Mediteranske mesne okruglice

1 funta mljevene junetine, izmrvljene
3 žlice nezačinjenih suhih krušnih mrvica
1 veliko jaje
1 žličica osušenih listića peršina
- 2 žlice margarina
- $\frac{1}{4}$ žličice češnjaka u prahu
- $\frac{1}{2}$ žličice zgnječenog osušenog lišća mente
- $\frac{1}{4}$ žličice zgnječenog osušenog lišća ružmarina
- $\frac{1}{4}$ žličice papra
- 1 žličica osušenih listića peršina

UPUTE:
a) Pomiješajte sve sastojke za mesne okruglice u srednjoj zdjeli. Smjesu oblikujte u 12 mesnih okruglica.
b) Stavite margarin, češnjak u prahu i peršun u 1 šalicu.
c) Mikrovalna pećnica na visokoj temperaturi od 45 sekundi do 1 minute ili dok se maslac ne otopi.
d) Umočite mesne okruglice u mješavinu margarina da pokriju i stavite na rešetku za pečenje.
e) Pecite u mikrovalnoj pećnici na visokoj razini 15 do 18 minuta, ili dok mesne okruglice ne postanu čvrste i ne prestanu više biti ružičaste u sredini, okrećući rešetku i preuređujući mesne okruglice dva puta tijekom vremena kuhanja. Po želji poslužite uz vruću kuhanu rižu ili kus-kus.

64.Grčke mesne okruglice

1½ funte mljevenog okruglog odreska

2 jaja; lagano tučen

½ šalice krušnih mrvica; fino, mekano

2 srednje luk; sitno nasjeckan

- 2 žlice peršina; svježe, nasjeckano
- 1 žlica mente; svježe, nasjeckano
- ¼ žličice cimeta
- ¼ žličice pimenta
- Sol i svježe mljeveni papar
- Maslo za prženje

UPUTE:

a) Pomiješajte sve sastojke osim masti i dobro promiješajte.

b) Stavite u hladnjak na nekoliko sati. Oblikujte male kuglice i pržite u otopljenom masti. Poslužite vruće.

65. Jednostavne švedske mesne okruglice

2 funte mljevene junetine

1 luk, nariban $\frac{1}{2}$

šalice krušnih

mrvica sol, papar

- 1 žličica Worcestershire umaka
- 2 jaja, istučena
- 4 žlice maslaca
- 2 šalice temeljca ili consommea
- 4 žlice brašna
- $\frac{1}{4}$ šalice šerija

UPUTE:

a) Pomiješajte prvih šest sastojaka, oblikujte male kuglice. Smeđi na maslacu.

b) Dodajte temeljac, poklopite tavu i pirjajte 15 minuta. Izvadite mesne okruglice, držite na toplom.

c) Umak zgusnite brašnom razmućenim u malo hladne vode. Kuhajte 5 minuta, dodajte šeri. Zagrijte mesne okruglice u umaku.

66.Gulaš od mesnih okruglica iz Gane

2 funte mljevene junetine

1 žličica soka od limuna

1 veliko jaje; Malo pretučen

1 šalica luka; Sitno nasjeckan

- 1 žličica soli, 1 žličica crnog papra
- 1 češnjak češnjaka u prahu
- 1 žličica mljevenog muškatnog oraščića
- 1½ žlica višenamjenskog brašna
- ½ šalice ulja za kuhanje
- 1 srednji luk; Narezan na kriške
- 1 šalica umaka od rajčice
- 1 srednja rajčica; Oguljene i narezane
- 1 zelena paprika; Narezano UPUTSTVO:

a) U velikoj zdjeli za miješanje pomiješajte mljevenu govedinu s omekšivačem, limunovim sokom, jajetom, lukom, soli, paprom po izboru, češnjakom i muškatnim oraščićem.

b) Od začinjene govedine oblikujte desetak kuglica veličine žlice.

c) U međuvremenu zagrijte ulje u velikoj tavi na srednje jakoj vatri. Zapržite mesne okruglice sa svih strana ravnomjerno koristeći metalnu žlicu za okretanje.

d) Za pripremu umaka vratite preostalo ulje za kuhanje u veliku, čistu tavu i zažutite svo preostalo brašno. Dodajte luk, umak od rajčice, narezanu rajčicu i zelenu papriku.

e) Dodati zapečene mesne okruglice, poklopiti i smanjiti vatru.

67.Kantonske mesne okruglice

1 funta mljevene govedine

$\frac{1}{4}$ šalice mljevenog luka

1 žličica soli

1 žličica papra

- $\frac{1}{2}$ šalice mlijeka
- $\frac{1}{4}$ šalice šećera
- $1\frac{1}{2}$ žlica kukuruznog škroba
- 1 šalica soka od ananasa
- $\frac{1}{4}$ šalice octa
- 1 žličica soja umaka
- 1 žlica maslaca
- 1 šalica narezanog celera
- $\frac{1}{2}$ šalice narezane paprike
- $\frac{1}{2}$ šalice narezanih badema, pirjanih UPUTE:

a) Formirajte 20 malih mesnih okruglica od junetine, luka, soli, papra i mlijeka.

b) Pomiješajte šećer i kukuruzni škrob; umiješajte tekućinu i dodajte maslac.

c) Kuhajte na laganoj vatri dok se ne razbistri uz stalno miješanje.

d) Dodajte povrće i lagano zagrijavajte 5 minuta.

e) Na podlogu od kuhane riže stavite mesne okruglice, prelijte umakom i pospite bademima.

68.Svečane koktel mesne okruglice

1½ funte mljevene govedine

1 šalica MINUTA Riža

1 limenka (8oz) zdrobljenog ananasa u soku

½ šalice mrkve [sitno nasjeckane]

- ½ šalice luka [nasjeckanog]
- 1 jaje [tučeno]
- 1 žličica đumbira [mljevenog]
- 8 unci francuskog preljeva
- 2 žlice soja umaka

UPUTE:

a) Pomiješajte sve sastojke osim posljednja 2 u zdjeli, a zatim oblikujte mesne okruglice veličine 1".

b) Stavite u namašćen pleh i pecite u prethodno zagrijanoj pećnici.

c) Pomiješajte soja umak i preljev.

d) Ćufte poslužite tople s preljevom.

69.Koktel mesne okruglice od brusnice

Chuck od 2 funte, mljeveni
2 jaja
⅓ šalice Catsup-a
2 žlice soja umaka
- ¼ žličice papra
- 12 unci čili umaka
- 1 žlica soka od limuna
- 1 šalica kukuruznih pahuljica, mrvica
- ⅓ šalice peršina, svježeg, mljevenog
- 2 žlice mladog i mljevenog luka
- 1 češanj češnjaka, protisnut
- 16 unci umaka od brusnice
- 1 žlica smeđeg šećera UPUTE:
a) Pomiješajte prvih 9 sastojaka u velikoj zdjeli; dobro promiješati. Oblikujte mesnu smjesu u kuglice od 1 inča.
b) Stavite u nepodmazanu tepsiju veličine 15x10x1. Pecite nepokriveno na 500F 8 - 10 minuta.
c) Ocijedite mesne okruglice i prebacite ih u posudu za pečenje i držite na toplom.
d) Pomiješajte umak od brusnica s preostalim sastojcima u tavi za umake. Kuhajte na srednjoj vatri dok ne postane mjehurić, povremeno miješajući; preliti preko mesnih okruglica. Poslužite toplo.

70.Vinske ćufte

Chuck od 1½ funte, mljeveni

¼ šalice krušnih mrvica, začinjenih

1 srednji luk; nasjeckana

2 žličice Hren, pripremljen

- 2 režnja češnjaka; zgnječen
- ¾ šalice soka od rajčice
- 2 žličice soli
- ¼ žličice papra
- 2 žlice margarina
- 1 srednji luk; nasjeckana
- 2 žlice višenamjenskog brašna
- 1½ šalice goveđe juhe
- ½ šalice suhog crvenog vina
- 2 žlice šećera, smeđi
- 2 žlice Catsup
- 1 žlica soka od limuna
- 3 komada đumbira; mrvilo se

UPUTE:

a) Pomiješajte prvih 8 sastojaka, dobro promiješajte.
   Oblikujte kuglice od 1"; stavite u posudu za pečenje
   13x9x2". Pecite na 450 stupnjeva 20 minuta. Izvadite iz
   pećnice, ocijedite od viška masnoće.

b) Zagrijte margarin u velikoj tavi; pirjajte luk dok ne omekša.
   Umiješajte brašno; postupno dodavati goveđu juhu uz stalno
   miješanje. Dodajte preostale sastojke.

c) Kuhajte na laganoj vatri 15 minuta; dodajte mesne okruglice
   i pirjajte 5 minuta.

71.Chuletas

2 funte mljevene junetine

2 šalice Peršin grančice; Mljeveno

3 Žuti luk; Mljeveno

2 jaja; malo pretučen

- 1 žlica soli
- ½ šalice parmezana; Svježe naribano
- ½ žličice Tabasco umaka
- 1 žličica crnog papra
- 3 šalice suhih krušnih mrvica ☐ Maslinovo ulje

UPUTE:

a) Pomiješajte sve sastojke osim mrvica. Oblikujte male kuglice veličine koktela.

b) Kuglice uvaljati u krušne mrvice. Dobro ohladiti. Pirjajte na maslinovom ulju tri do četiri minute. Prebacite u zdjelu za trljanje. Poslužite uz svoju omiljenu salsu kao umak za umakanje. Čini otprilike 15 po funti mljevene govedine.

72.Chafing dish party mesne okruglice

1 funta mljevene govedine

½ šalice finih suhih krušnih mrvica

⅓ šalice luka; mljeveno

¼ šalice mlijeka

- 1 jaje; pretučen
- 1 žlica svježeg peršina; mljeveno
- 1 žličica soli
- ½ žličice crnog papra
- 1 žlica Worcestershire umaka
- ¼ šalice biljnog masti
- 1 boca čili umaka od 12 oz
- 1 staklenka želea od grožđa od 10 oz

UPUTE:

a) Oblikujte mesne okruglice od 1 inča. Kuhajte u električnoj tavi u vrućoj loncu na srednjoj vatri 10-15 minuta ili dok ne porumene. Ocijedite na papirnatim ručnicima.

b) Pomiješajte čili umak i žele od grožđa u srednjoj tavi (ili istoj električnoj tavi); dobro promiješati. Dodajte mesne okruglice i pirjajte na laganoj vatri 30 minuta uz povremeno miješanje.

c) Poslužite s čačkalicama iz posude za trljanje da ostanu topli

73.Topli sendviči s mesnim okruglicama

26 unci umaka za špagete; podijeljena

½ šalice svježih krušnih mrvica

1 mali luk; sitno nasjeckan

¼ šalice ribanog parmezana ili romano sira

- 1 jaje
- 1 žličica osušenih listića peršina
- 1 žličica češnjaka u prahu
- 1 funta mljevene junetine ☐ 4 talijanske sendvič rolice

UPUTE:

a) Sve sjediniti.

74.Ćufte-patlidžan subs

1 funta nemasne mljevene govedine

14 unci umaka za špagete začinjenog bosiljkom; 1 staklenka

1 srednji patlidžan

$4\frac{1}{2}$ žlice maslinovog ulja; Podijeljena

- 1 srednji crveni luk
- $\frac{1}{4}$ funte gljiva
- 4 bageta; 6-8 inča duljine ⬚ 4 unce Provolone sira; 4 kriške

UPUTE:

a) Narežite patlidžan na odreske od $\frac{1}{2}$ do $\frac{3}{4}$ inča i stavite na tanjur, pospite solju i ostavite da se ocijedi 30 minuta.

b) Mljevenu govedinu oblikujte u dvanaest mesnih okruglica promjera $1\frac{1}{2}$ inča. Kuhajte ih u loncu, na laganoj vatri, često ih okrećući da ravnomjerno porumene i da se ne zalijepe. dodajte umak za špagete. Pustite da lagano kuha kako bi se mesne okruglice dobro ispekle.

c) Zagrijte 3 žlice maslinovog ulja i lagano pirjajte patlidžan na srednjoj vatri.

d) Pospite solju i paprom po ukusu.

e) Kuhajte 4 minute pa dodajte gljive.

f) Baguete narežite po dužini, a donje komade kruha obložite tankim slojem odrezaka patlidžana, a zatim prekrijte s 3 mesne okruglice.

g) Žlicom nanesite veliku količinu dodatnih umaka za špagete i obilno rasporedite luk i gljive po mesnim okruglicama.

75.Heroj sendviči s mesnim okruglicama

Neljepljivo biljno ulje u spreju

1½ funte nemasne mljevene govedine

½ šalice ribanog parmezana

2 jaja

- ¼ šalice nasjeckanog svježeg peršina
- ¼ šalice zdrobljenih kukuruznih pahuljica
- 3 režnja češnjaka; mljeveno
- 2½ žličice sušenog origana
- ½ žličice mljevenog bijelog papra
- ½ žličice soli
- 3 šalice kupovnog marinara umaka
- 6 dugih talijanskih ili francuskih rolada; razrezan po dužini, prepečen
- 6 porcija UPUTE:

a) Klasičan sendvič koji će zajamčeno zadovoljiti, bilo da je poslužen kao vikend ručak ili lagana radna večera.

b) Pomiješajte mljevenu junetinu, ribani parmezan, jaja, nasjeckani svježi peršin, zdrobljene kukuruzne pahuljice, mljeveni češnjak, sušeni origano, mljeveni bijeli papar i sol u velikoj zdjeli i dobro izmiksajte.

c) Navlaženim rukama oblikujte mesnu smjesu u krugove od 1½ inča i stavite ih na pripremljeni lim s ravnomjernim razmakom.

d) Pecite mesne okruglice dok nisu čvrste na dodir.

76.Ćufte-patlidžan subs

1 funta nemasne mljevene govedine

14 unci umaka za špagete začinjenog bosiljkom; 1 staklenka

1 srednji patlidžan

$4\frac{1}{2}$ žlice maslinovog ulja; Podijeljena

- 1 srednji crveni luk
- $\frac{1}{4}$ funte gljiva
- 4 sendvič peciva s francuskim kruhom
- 4 unce Provolone sira; 4 kriške

UPUTE:

a) Narežite patlidžan na odreske od $\frac{1}{2}$ do $\frac{3}{4}$ inča i stavite na tanjur, pospite solju i ostavite da se ocijedi 30 minuta.

b) Mljevenu govedinu oblikujte u dvanaest mesnih okruglica promjera $1\frac{1}{2}$ inča. Kuhajte ih u loncu, na laganoj vatri, često ih okrećući da ravnomjerno porumene i da se ne zalijepe.

c) Luk narežite na tanke kolutiće, a šampinjone krupno narežite na nepravilne komade i ostavite sa strane.

d) Odreske patlidžana dobro operite i osušite tapkanjem. Zagrijte 3 žlice maslinovog ulja i lagano pirjajte patlidžan na srednjoj vatri,

e) Pospite solju i paprom po ukusu. Maknite s vatre i ostavite da se ocijedi.

f) Kuhajte 4 minute pa dodajte gljive.

g) Baguete prerežite po dužini i odvojite vrhove od donjih dijelova. Donje komade kruha obložite tankim slojem odrezaka patlidžana, a zatim poklopite s 3 mesne okruglice.

77.Meksička tortilja juha s mesnim okruglicama

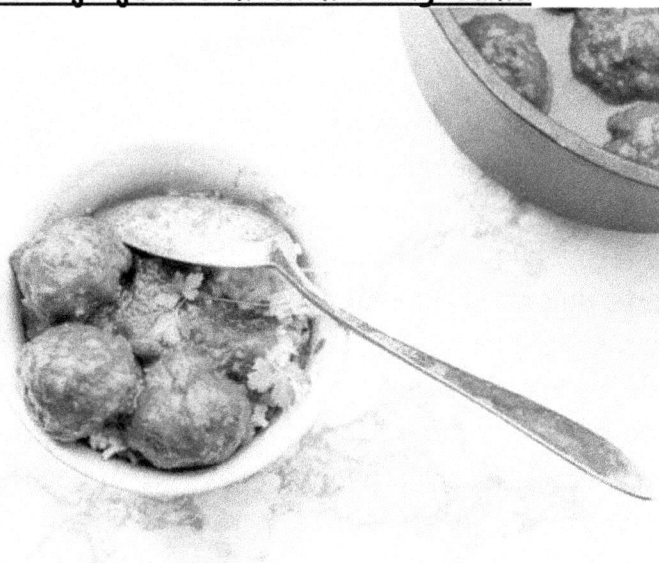

1½ funte nemasnog mljevenog junećeg
povrća

UPUTE:

a) Pomiješajte mljevenu govedinu s cilantrom, češnjakom, sokom limete, kuminom, ljutim umakom te soli i paprom. Oblikujte kuglice od 1 unce.

b) Pecite dok ne porumene sa svih strana, oko 5 minuta.

c) Juha: U velikom loncu za juhu zagrijte 2 žlice biljnog ulja. Dodajte luk i češnjak.

d) Dodajte čili i kuhajte 2 minute. Dodajte rajčice i njihov sok, pileći temeljac, čili u prahu, kumin i ljuti umak. Pirjajte 15 do 20 minuta.

e) U maloj posudi pomiješajte brašno i pileći temeljac. Umutiti u juhu. Vratite da zavrije. Smanjite vatru i kuhajte 5 minuta. Dodajte mesne okruglice i pirjajte još 5 minuta.

RAMEN I TJESTENINA

78. Hayashi curry od mljevene govedine

Veličina serviranja: 2

SASTOJCI:

- Luk, jedan
- Mrkva, pola šalice
- Mljevena junetina, pola funte
- Canola ulje, jedna žlica
- Kečap, dvije žlice
- Sol i papar, po ukusu
- Kukuruzni škrob, jedna žličica
- Goveđa juha, jedna šalica
- Sake, jedna žlica
- Kuhano jaje, jedno

UPUTE:

a) Jaje skuhajte i narežite na sitne komade ili izgnječite vilicom. Dobro posolite i popaprite.

b) Zagrijte ulje pa dodajte luk i mrkvu.

c) Mljevenu junetinu pospite kukuruznim škrobom i dodajte povrću. Dodajte četvrtinu šalice goveđe juhe i usitnite mljevenu junetinu uz miješanje.

d) Dodajte goveđu juhu, kečap, sake i Worcestershire umak.

e) Dobro promiješajte i kuhajte desetak minuta ili dok sva tekućina ne ispari. Posolite i popaprite.

f) U posebnoj tavi popržite luk dok ne postane hrskav.

79. Tava s ramenskim rezancima i odreskom

Veličina serviranja: 2

SASTOJCI:

- Luk, jedan
- Mrkva, pola šalice
- Mljevena junetina, pola funte
- Canola ulje, jedna žlica
- Kečap, dvije žlice
- Sol i papar, po ukusu
- Kukuruzni škrob, jedna žličica
- Goveđa juha, jedna šalica
- Sake, jedna žlica
- Kuhano jaje, jedno
- Worcestershire umak, jedna žlica

UPUTE:

a) U velikoj tavi na srednje jakoj vatri zagrijte ulje.

b) Dodajte odrezak i pržite do željenog kraja, oko pet minuta po strani za srednje, zatim ga prebacite na dasku za rezanje i ostavite da odstoji pet minuta, a zatim ga narežite.

c) U maloj zdjeli pomiješajte sojin umak, češnjak, sok limete, med i kajensku papriku dok se ne sjedine i ostavite sa strane.

d) Dodajte luk, papriku i brokulu u tavu i kuhajte dok ne omekša, zatim dodajte mješavinu soja umaka i miješajte dok se potpuno ne prekrije.

e) Dodajte kuhane ramen rezance i odrezak i miješajte dok se ne sjedine.

80. Japanske kuglice s karijem

SASTOJCI

- Tijesto
- 1 šalica. Panko
- 2 žlice biljnog ulja
- Curry punjenje
- 100 g govedine, mljevene
- 1 srednja glavica luka, nasjeckana
- 2 krumpira, kuhana i zgnječena
- 2 žlice češnjaka u prahu
- 1 mrkva. Narezati na sitne kockice
- 1 žlica garam masale
- 60 g curry rouxa

UPUTE

a) Zagrijte ulje u čistom srednjem loncu, umiješajte mrkvu, luk, češnjak u prahu i kuhajte da omekša

b) Dodajte govedinu i malo vode da se kuha 20 minuta

c) Smanjite vatru i umiješajte curry i masalu. Promiješajte da se sjedini

d) Dodajte pire krumpir i dobro promiješajte da se stegne

e) Zagrijte pećnicu na 250 stupnjeva

f) Kad se fil ohladi. Podijelite tijesto na loptice, premijesite ga na pobrašnjenoj podlozi, žlicom nanesite nadjev na tijesto i razvaljajte u finu čvrstu lopticu

g) Isto ponoviti i za ostale, svaku premazati uljem i nadjeveno tijesto baciti na panko

h) Rasporedite tijesto u pripremljenu tepsiju i pecite 20 minuta

81.Lažna pita od ramen lonca

: 4

SASTOJCI

- 2 (3 oz.) paketa ramen rezanaca
- 1 lb mljevene govedine
- 1 (15 oz.) konzerva kukuruza šećeraca
- 1/2 šalice luka, nasjeckanog
- biljno ulje

UPUTE

a) Prije nego bilo što učinite, zagrijte pećnicu na 350 F.

b) Pripremite rezance prema uputama na pakiranju. Stavite veliku tavu na srednje jaku vatru. Zagrijte u njemu malo ulja. U njemu kuhajte govedinu s lukom 12 minuta.

c) Smjesu rasporedite po dnu podmazane tepsije. Prelijte ga kukuruzom šećercem i ramen rezancima nakon što ga ocijedite.

d) Stavite lonac u pećnicu i pecite ga 14 do 16 minuta. Poslužite ga

82.Tava s ramenskim rezancima i odreskom

: 2

SASTOJCI:

- Luk, jedan
- Mrkva, pola šalice
- Mljevena junetina, pola funte
- Canola ulje, jedna jušna žlica ⬜ Kečap, dvije jušne žlice
- Sol i papar, po ukusu
- Kukuruzni škrob, jedna žličica
- Goveđa juha, jedna šalica
- Sake, jedna supena kašika
- Kuhano jaje, jedno
- Worcestershire umak, jedna žlica

UPUTE:

d) U velikoj tavi na srednje jakoj vatri zagrijte ulje.

e) Dodajte odrezak i pržite do željenog kraja, oko pet minuta po strani za srednje, zatim ga prebacite na dasku za rezanje i ostavite da odstoji pet minuta, a zatim ga narežite.

f) U maloj zdjeli pomiješajte sojin umak, češnjak, sok limete, med i kajensku papriku dok se ne sjedine i ostavite sa strane.

g) Dodajte luk, papriku i brokulu u tavu i kuhajte dok ne omekša, zatim dodajte mješavinu soja umaka i miješajte dok se potpuno ne prekrije.

h) Dodajte kuhane ramen rezance i odrezak i miješajte dok se ne sjedine.

83. Ramen lazanje

: 4

SASTOJCI

- 2 (3 oz.) paketa ramen rezanaca
- 1 lb mljevene govedine
- 3 jaja
- 2 C. izmrvljeni sir
- 1 žlica mljevenog luka
- 1 šalica umaka za špagete

UPUTE

a) Prije nego bilo što učinite, zagrijte pećnicu na 325 F.

b) Stavite veliku tavu na srednje jaku vatru. U njemu kuhajte govedinu s 1 paketom začina i lukom 10 minuta.

c) Prebacite junetinu u podmazan pleh. Umutiti jaja i kuhati ih u istoj tavi dok ne budu gotova.

d) Na vrh govedine stavite 1/2 šalice nasjeckanog sira, zatim kuhana jaja i još 1/2 šalice sira.

e) Skuhajte ramen rezance prema uputama na pakiranju. Ocijedite ga i prelijte umakom za špagete.

f) Rasporedite smjesu po cijelom sloju sira. Nadjenite ga preostalim sirom. Pecite ga u pećnici 12 minuta. poslužite vaše lazanje tople. Uživati.

84.Fermentirani sečuanski rezanci

SASTOJCIUMAK

- 1/2 žlice fermentiranog crnog graha
- 2 žlice paste od čili graha
- 1/2 žlice Shaoxing vina ili 1/2 žlice suhog šerija
- 1 žličica soja umaka
- 1 žličica sezamovog ulja
- 1 žličica šećera
- 1/2 žličice mljevenog sečuanskog papra

REZANCI

- 1 žlica ulja od kikirikija ili 1 žlica biljnog ulja
- 4 oz. mljevena svinjetina ili 4 oz. mljevena junetina
- 2 mladog luka, bijeli zeleni dijelovi odvojeni nasjeckani
- 1 češanj češnjaka, samljeven
- 1 žličica svježeg đumbira, mljevenog
- 3 C. pileći temeljac
- 1 lb tofua, kockice
- 2 (4 oz.) paketa ramen rezanaca, paket izvađen

UPUTE

a) Uzmite malu zdjelu za miješanje: u njoj zdrobite crni grah s pastom od čili graha, rižino vino, soja umak, sezamovo ulje, šećer i sečuanski papar dok ne postane glatko.

b) Stavite veliku tavu na srednje jaku vatru. Zagrijte ulje u njemu. Zapržite svinjetinu 3 minute.

c) Umiješajte bjelanjke mladog luka, češnjak i đumbir te ih kuhajte 1 minutu na laganoj vatri.

d) U tavu umiješajte mješavinu crnog graha s juhom. Kuhajte ih dok ne počnu ključati. Smanjite vatru i umiješajte tofu. Neka se kuhaju 6 minuta.

e) Pripremite rezance prema uputama na pakiranju.

f) Stavite ga žlicom u zdjelice za posluživanje i prelijte mješavinom tofua.

g) Poslužite svoje rezance vruće.

h)   Uživati.

85. Američki ramen od mljevene govedine

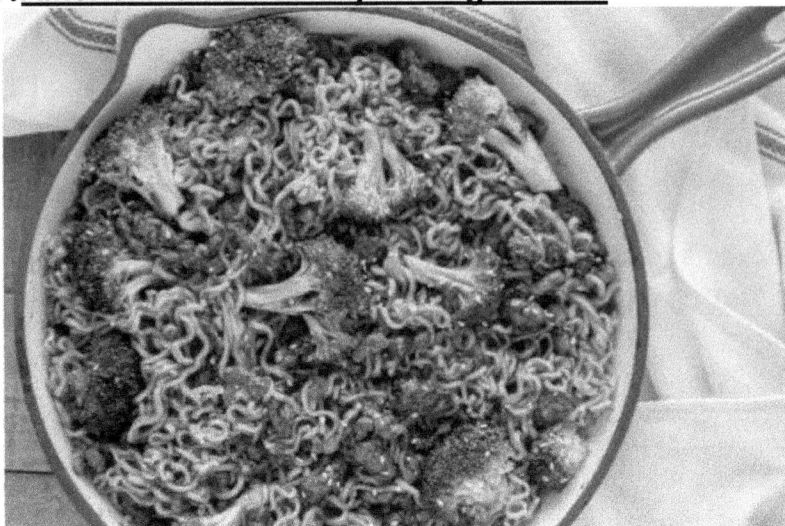

Porcije: 4

SASTOJCI

- 1 lb mljevene govedine, ocijeđene
- 3 (3 oz.) pakiranja ramen rezanaca s okusom govedine
- 5 C. kipuće vode
- 1/4-1/2 šalice vode
- 1 (16 oz.) konzerva kukuruza
- 1 (16 oz.) konzerva graška
- 1/4 šalice soja umaka
- 1/2 žličice mljevene crvene paprike
- 1 crtica cimeta
- 2 žličice šećera

UPUTE

a) Stavite veliku tavu na srednje jaku vatru. Zagrijte u njemu malo ulja. Dodajte govedinu i kuhajte je 8 minuta. Stavite ga na stranu.

b) Stavite veliki lonac na srednju vatru. Zagrijte 5 C. vode u njoj dok ne počne ključati. U njemu kuhajte rezance 3 do 4 minute.

c) Izvadite rezance iz vode i umiješajte ih u tavu s govedinom.

d) Dodajte vodu, kukuruz, grašak, sojin umak, crvenu papriku, cimet, šećer i 1 i pol paketića začina. Bacite ih na kaput.

e) Neka se kuhaju 6 minuta uz često miješanje. Poslužite svoj ramen Skillet Hot.

86. Tava s mung bang rezancima

Porcije: 1

SASTOJCI

- 1 lb nemasne mljevene govedine, kuhane
- 6 kriški pureće slanine, nasjeckane
- 2 (3 oz.) paketa ramen rezanaca
- 3 češnja češnjaka, mljevena
- 1 srednji crveni luk, narezan na kockice
- 1 srednji kupus, nasjeckan
- 3 mrkve, narezane na tanke trakice od 1 inča
- 1 crvena paprika, narezana na komade veličine zalogaja
- 2-4 žlice svijetlog soja umaka
- 3 C. klice graha
- svijetli soja umak, po ukusu
- mljevene pahuljice crvene paprike

UPUTE

a) Stavite veliku tavu na srednje jaku vatru.

b) U njemu kuhajte slaninu dok ne postane hrskava. Ocijedite ga i stavite sa strane. Držite oko 2 žlice masti od slanine u tavi.

c) Na njemu pirjajte češnjak s lukom 4 minute. Umiješajte 2 žlice soja umaka i mrkvu.

d) Neka se kuhaju 3 minute. Pomiješajte papriku s kupusom i pustite da se kuha još 7 minuta.

e) Skuhajte rezance prema uputama proizvođača Upute. Ocijedite ga i promiješajte s malo maslinovog ulja.

f) U tavu s kuhanim povrćem umiješajte govedinu, slaninu i mljevenu crvenu papriku. Neka se kuhaju 4 minute uz često miješanje.

g) Kada vrijeme istekne, umiješajte klice graha i ramen rezance u mješavinu povrća. Neka se kuhaju dodatne 3 minute uz stalno miješanje.

h) Poslužite svoju tavu s rezancima toplu s ljutim umakom.

i)   Uživati.

87. Ramen pržena mljevena govedina

Porcije: 3

SASTOJCI

- 2 šalice goveđeg mljevenog mesa
- $\frac{1}{2}$ žličice paste od đumbira
- 2 mrkve, oguljene, narezane na ploške
- 1 srednji luk, narezan na tanke ploške
- 3-4 češnjaka nasjeckana
- Sol i papar, po ukusu
- 3 žlice maslaca
- 3 paketa kuhanih rezanaca
- 3 paketa začina za rezance
- 3 žlice ulja za kuhanje
- 2 žlice octa UPUTE:

a) Zagrijte malo maslaca u woku i pržite pastu od đumbira, češnjak s lukom dok ne omekšaju.

b) Dodajte mljevenu govedinu i kuhajte dok više ne bude ružičasta.

c) Začinite rezance začinima, soli, paprom, octom. Promiješajte da se sjedini.

d) Dodajte mrkvu i kuhajte 5-6 minuta.

e) Nakon što je mrkva kuhana dodajte rezance i dobro promiješajte.

f) Prebacite u posudu za posluživanje i poslužite vruće.

g) Uživati.

88. Francuska ramen tava

Porcije: 1

SASTOJCI
- 2 (3 oz.) paketa ramen rezanaca, bilo kojeg okusa
- 2 žlice kiselog vrhnja
- 1 (10 1/2 oz.) limenka krem juhe od gljiva
- 1/2 šalice vode
- 1/2 šalice mlijeka
- 1/4 šalice luka, nasjeckanog
- 1/4 šalice francuskog prženog luka
- 1/2 lb mljevene govedine

UPUTE
a) Prije nego bilo što učinite, zagrijte pećnicu na 375 F.
b) Uzmite zdjelu za miješanje: u nju pomiješajte skorene rezance, 1 paketić začina, kiselo vrhnje, vodu za juhu (nerazrijeđenu), mlijeko i luk. Stavite veliku tavu na srednje jaku vatru.
c) U njemu kuhajte govedinu 8 minuta. Ocijedite ga i dodajte smjesi za rezance. Promiješajte ih da se oblože.
d) Smjesu izliti u podmazan pleh. Pecite u pećnici 22 minute. Prekrijte tavu s rezancima prženim lukom i pecite još 12 minuta u pećnici.
e) Pospite ga sirom pa poslužite toplo.
f) Uživati.

89.Pastitsio

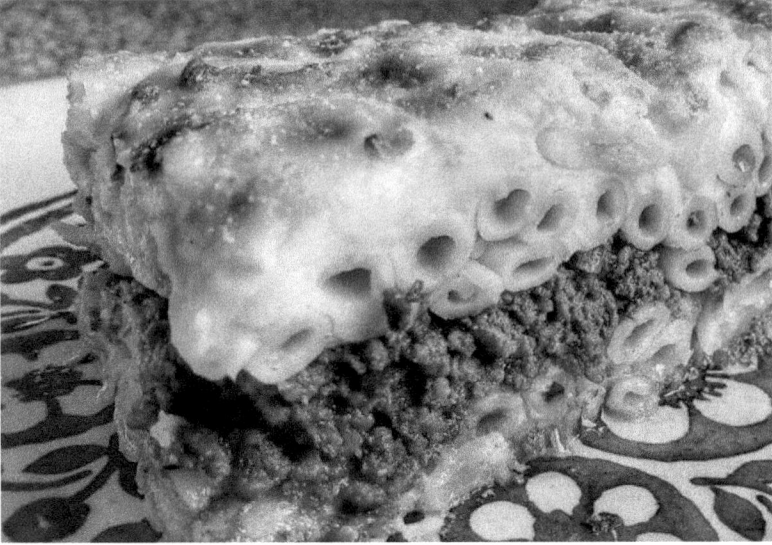

SASTOJCI Neljepljivi sprej za kuhanje

- $\frac{3}{4}$ šalice kuhanih makarona od cjelovitog zrna pšenice
- $\frac{1}{2}$ šalice kuhane mljevene govedine
- $\frac{1}{4}$ šalice naribane mozzarelle
- 3 žlice. pasta od rajčice
- 2 žlice. pileća juha
- $\frac{1}{8}$ žličice suhe majčine dušice
- $\frac{1}{8}$ žličice mljevenog cimeta
- Puna $\frac{1}{8}$ žličice košer soli
- 3 mljevenja crnog papra

UPUTE

a) Poprskajte unutrašnjost 16-oz. šalica sa sprejom za kuhanje.

b) U maloj posudi pomiješajte sve sastojke i ulijte u šalicu.

c) Poklopite i pecite u mikrovalnoj dok se sir ne otopi, oko 2 minute.

90.Juneće zdjele za pripremu korejskog obroka

SASTOJCI

- ⅔ šalice bijele ili smeđe riže
- 4 srednja jaja
- 1 žlica maslinovog ulja
- 2 češnja češnjaka, mljevena
- 4 šalice nasjeckanog špinata

KOREJSKA GOVEDINA

- 3 žlice pakiranog smeđeg šećera
- 3 žlice soja umaka sa smanjenim udjelom natrija
- 1 žlica svježe naribanog đumbira
- 1 ½ žličice sezamovog ulja
- ½ žličice sriracha (po želji)
- 2 žličice maslinovog ulja
- 2 češnja češnjaka, mljevena
- 1 funta mljevene govedine
- 2 glavice luka, tanko narezane (po želji)
- ¼ žličice sjemenki sezama (po želji)

UPUTE

a) Skuhajte rižu prema uputama na pakiranju; Staviti na stranu.

b) Stavite jaja u veliki lonac i prelijte ih hladnom vodom za 1 inč. Zakuhajte i kuhajte 1 minutu. Pokrijte lonac čvrstim poklopcem i uklonite s vatre; ostavite 8 do 10 minuta. Dobro ocijedite i ostavite da se ohladi prije nego što ih ogulite i prerežete na pola.

c) Zagrijte maslinovo ulje u velikoj tavi na srednje jakoj vatri. Dodajte češnjak i kuhajte, često miješajući, dok ne zamiriše, 1 do 2 minute. Umiješajte špinat i kuhajte dok ne uvene, 2 do 3 minute; Staviti na stranu.

d) Za govedinu: U maloj zdjeli pomiješajte smeđi šećer, sojin umak, đumbir, sezamovo ulje i srirachu, ako koristite.

e) Zagrijte maslinovo ulje u velikoj tavi na srednje jakoj vatri.

Dodajte češnjak i kuhajte, neprestano miješajući, dok ne zamiriše, oko 1 minutu. Dodajte mljevenu govedinu i kuhajte dok ne porumeni, 3 do 5 minuta, pazeći da se govedina mrvi dok se kuha; ocijediti višak masnoće. Umiješajte mješavinu soja umaka i zeleni luk dok se dobro ne sjedine, zatim pirjajte dok se ne zagrije, oko 2 minute.

f) Stavite rižu, jaja, špinat i mješavinu mljevene govedine u posude za pripremu obroka i po želji ukrasite zelenim lukom i sjemenkama sezama. Čuva se pokriveno u hladnjaku 3 do 4 dana.

g) Zagrijte u mikrovalnoj pećnici u intervalima od 30 sekundi dok se ne zagrije.

GLAVNO JELO

91.Salisbury odresci s lukom

Poslužuje: 6
Vrijeme kuhanja: 40 minuta
SASTOJCI
- 1-1/2 funte nemasne mljevene govedine
- 3 bjelanjka
- 2 glavice luka, svaku posebno nasjeckati
- 3/4 šalice običnih krušnih mrvica
- 1/2 šalice nemasnog mlijeka
- 1 žlica sušenog talijanskog začina
- 1 žličica soli
- 1 (10-3/4-unce) limenka kondenzirane goveđe juhe
- 1 (10-3/4-unce) limenka kondenzirane krem juhe od gljiva sa smanjenim udjelom masti
- 1/4 žličice češnjaka u prahu
- 1/4 žličice crnog papra

UPUTE
a) Zagrijte pećnicu na 350 stupnjeva F.
b) U velikoj zdjeli pomiješajte mljevenu junetinu, bjelanjke, 1 nasjeckani luk, krušne mrvice, mlijeko, talijanske začine i sol; dobro promiješajte. Smjesu podijelite na 6 jednakih dijelova i napravite 6 ovalnih pljeskavica. Stavite pljeskavice na obrubljeni lim za pečenje koji je premazan sprejom za kuhanje i pecite 25 do 30 minuta, ili dok više ne ostane ružičasto, okrećući ih na pola vremena pečenja.
c) U loncu koji je premazan sprejom za kuhanje, pirjajte preostali nasjeckani luk 3 do 4 minute ili dok ne omekša. Dodajte preostale sastojke i miješajte dok se dobro ne sjedine. Kuhajte na srednje niskoj vatri 8 do 10 minuta ili dok se ne zagrije.
d) Izvadite odreske na pladanj za posluživanje i prelijte umakom.

92.Mesna štruca na domaći način

Poslužuje: 10
Vrijeme kuhanja: 1 sat i 35 minuta
SASTOJCI

- 2 funte 95% nemasne mljevene govedine
- 1 (8-1/4-unce) limenka julienne mrkve, ocijeđene
- 1 (13-1/2-unce) konzerva peteljki i komadića gljiva, ocijeđena
- 1/2 šalice cornflake mrvica
- 1 žlica osušenog mljevenog luka
- 1/2 šalice zamjene za jaja
- 1/2 žličice crnog papra
- 3 žlice kečapa

UPUTE
a) Zagrijte pećnicu na 350 stupnjeva F. Premažite posudu za kruh veličine 5 x 9 inča sprejom za kuhanje.
b) U velikoj zdjeli pomiješajte mljevenu govedinu, mrkvu, gljive, mrvice cornflakea, mljeveni luk, zamjenu za jaja i papar; dobro promiješajte. Stavite u kalup za kruh i ravnomjerno rasporedite kečap po vrhu.
c) Pecite 1-1/2 sata, ili dok ne ostane ružičasto. Ostavite da odstoji 5 minuta. Odlijte višak tekućine, ako ima, pa narežite i poslužite.

93.Burger pomfrit od sira

Poslužuje: 4
Vrijeme kuhanja: 25 minuta
SASTOJCI
- 1 (32 unce) vrećica smrznutog pomfrita
- 1 funta mljevene govedine
- 1/2 šalice kečapa
- 1/4 šalice žute gorušice
- 1/4 žličice soli
- 1/4 žličice crnog papra
- 1 manja glavica luka nasjeckana
- 1/2 šalice narezanih kiselih krastavaca kopra
- 3/4 šalice umaka od sira, zagrijanog

UPUTE
a) Stavite smrznuti pomfrit na lim za pečenje i pecite prema uputama na pakiranju.
b) U međuvremenu, u velikoj tavi, kuhajte mljevenu govedinu na jakoj vatri dok ne porumeni, oko 6 do 8 minuta; ocijediti od viška masnoće.
c) Umiješajte kečap, senf, sol i papar; dobro promiješajte i kuhajte dodatne 2 do 3 minute, ili dok se ne zagrije.
d) Pomfrit stavite na veliki pladanj, po krumpirićima žlicom rasporedite mješavinu mesa, pospite lukom i kiselim krastavcima te sve ravnomjerno prelijte umakom od sira. Poslužite odmah.

94.Zapečeni gulaš

Poslužuje: 4

Vrijeme kuhanja: 50 minuta

SASTOJCI

- 1-1/2 do 2 funte mljevene govedine
- 1/2 funte narezanih gljiva
- 1 manja glavica luka nasjeckana
- 1 žlica nasjeckanog češnjaka
- 1 (28 unci) staklenka umaka za špagete
- 1 žličica soli
- 1/2 žličice crnog papra
- 8 unci nekuhanih laktastih makarona
- 1/2 šalice vode
- 1 šalica (4 unce) nasjeckanog sira mozzarella

UPUTE

a) Zagrijte pećnicu na 350 stupnjeva F. Premažite posudu za pečenje od 2-1/2 litre sprejom za kuhanje.

b) U velikoj tavi, smeđu mljevenu govedinu, gljive, luk i nasjeckani češnjak na srednje jakoj vatri 6 do 8 minuta, ili dok u govedini ne ostane ružičaste boje, često miješajući. Ocijedite višak tekućine pa dodajte preostale sastojke osim sira; dobro promiješajte.

c) Stavite smjesu u pripremljenu vatrostalnu posudu, poklopite i pecite 25 minuta. Izvadite iz pećnice i pospite mozzarellom. Vratite u pećnicu i pecite, nepokriveno, 15 do 20 minuta ili dok se ne zagrije i dok se sir ne otopi.

95.Lako Stroganoff

Poslužuje: 6
Vrijeme kuhanja: 15 minuta
SASTOJCI
- 1-1/2 funte mljevene junetine
- 1 (8 unca) paket prethodno narezanih svježih gljiva
- 1 veliki luk, narezan na tanke ploške
- 16 unci kartona kiselog vrhnja
- 1 (10-3/4-unce) limenka krem juhe od gljiva, nerazrijeđena
- Češnjak sol i crni papar po ukusu (po želji)

UPUTE
a) 1. Smeđu mljevenu junetinu u velikoj tavi, miješajući dok se ne raspadne i ne postane više ružičasta; ocijedite u cjedilu, odbacujući kaplje. Ostavite mljevenu junetinu sa strane.

b) 2. Dodajte gljive i luk u tavu i kuhajte na srednje jakoj vatri, neprestano miješajući, 5 minuta ili dok ne omekša.

c) 3.Dodati mljevenu junetinu, pavlaku i juhu; kuhajte na srednjoj vatri 5 minuta ili dok se potpuno ne zagrije, povremeno miješajući. Po želji umiješajte češnjak, sol i papar po ukusu. Poslužite odmah preko vrućih kuhanih rezanaca s jajima.

96.Sve u jednoj tavi za pierogi

Poslužuje: 4
Vrijeme kuhanja: 20 minuta
SASTOJCI
- 1 žlica biljnog ulja
- 1 funta mljevene govedine
- 1 paket (16 unci) smrznutih pierogisa od krumpira, odmrznutih
- 1 (10 unci) pakiranje smrznutih cvjetova brokule, odmrznuto
- 1/2 žličice soli
- 1/4 žličice crnog papra
- 1 šalica (4 unce) nasjeckanog sira Cheddar

UPUTE
a) U velikoj tavi zagrijte ulje na srednje jakoj vatri i pecite 5 minuta smeđu govedinu, često miješajući.
b) Dodajte pierogi i kuhajte 4 do 5 minuta, ili dok se ne zagriju.
c) Umiješajte brokulu, sol i papar, a zatim pospite sirom.
d) Smanjite vatru na nisku, poklopite i kuhajte dodatne 2 do 3 minute ili dok se sir ne rastopi i dok se brokula ne zagrije.

97.Masonska staklenka bolonjez

SASTOJCI

- 2 žlice maslinovog ulja
- 1 funta mljevene govedine
- Talijanska kobasica od 1 funte, bez crijeva
- 1 glavica luka, mljevena
- 4 češnja češnjaka, nasjeckana
- 3 (14,5 unce) konzerve rajčice narezane na kockice, ocijeđene
- 2 (15 unci) limenke umaka od rajčice
- 3 lista lovora
- 1 žličica sušenog origana
- 1 žličica sušenog bosiljka
- ½ žličice suhe majčine dušice
- 1 žličica košer soli
- ½ žličice svježe mljevenog crnog papra
- 2 (16 unci) pakiranja nemasnog sira mozzarella, narezana na kockice
- 32 unce nekuhanih fusilla od cjelovitog zrna pšenice, kuhanih prema uputama na pakiranju; oko 16 šalica kuhanih

UPUTE

a) Zagrijte maslinovo ulje u velikoj tavi na srednje jakoj vatri. Dodajte mljevenu junetinu, kobasicu, luk i češnjak. Kuhajte dok ne porumeni, 5 do 7 minuta, pazeći da izmrvite govedinu i kobasicu dok se kuha; ocijediti višak masnoće.

b) Premjestite smjesu mljevene govedine u sporo kuhalo od 6 litara. Umiješajte rajčice, umak od rajčice, lovor, origano, bosiljak, timijan, sol i papar. Poklopite i kuhajte na laganoj vatri 7 sati i 45 minuta. Uklonite poklopac i uključite sporo kuhalo na najjaču. Nastavite kuhati 15 minuta, dok se umak ne zgusne. Odbacite listove lovora i pustite da se umak potpuno ohladi.

c) Podijelite umak u 16 (24 unce) staklenih posuda širokog otvora s poklopcima ili druge posude otporne na toplinu. Na vrh stavite mozzarellu i fusille. Držite u hladnjaku do 4 dana.

d) Za posluživanje stavite u mikrovalnu, nepoklopljeno, dok se ne zagrije, oko 2 minute. Promiješajte da se sjedini.

98. Govedina s povrćem na grčki način

Poslužuje: 4

SASTOJCI:

- 1 lb mljevene govedine
- Sol i crni papar po ukusu
- 1 žlica maslinovog ulja
- 5 srednjih mrkvi, narezanih na ploške
- $\frac{1}{4}$ šalice + 2 žlice bijelog vina, podijeljeno
- 1 vezica baby bok choya, obrezana i grubo nasjeckana
- 3 češnja češnjaka, mljevena
- 1 (15 oz.) konzerva tamnoputog graha, isprana i ocijeđena
- 2 žlice sitno nasjeckanog svježeg origana
- $\frac{1}{2}$ šalice ribanog parmezana
- 2 žlice soka od limuna

UPUTE

a) Kuhajte govedinu u velikoj tavi na srednjoj vatri 10 minuta ili dok ne porumeni.

b) Začinite solju, crnim paprom i prebacite na tanjur. Staviti na stranu.

c) Zagrijte maslinovo ulje u istoj tavi i pirjajte mrkvu oko 5 minuta ili dok ne omekša. Dodajte bok choy, češnjak i $\frac{1}{4}$ šalice bijelog vina; kuhajte 3 minute ili dok bok choy ne uvene.

d) Umiješajte govedinu, morski grah, origano i preostalo bijelo vino; kuhajte na laganoj vatri 3 minute ili dok se grah ne zagrije. Isključite vatru i pokapajte sok od limuna na vrh.

e) Posudite hranu, pospite parmezanom i poslužite toplo.

99. Tikvice punjene junetinom

Prinos: 1 porcija

SASTOJCI
- 1 srednja tikvica
- $\frac{1}{4}$ funte mljevene govedine
- 1 žlica nasjeckanog luka
- 1 žlica nasjeckane zelene paprike
- 3 žlice umaka od rajčice
- 2 žlice parmezana; podijeljena
- 1 češnjak češnjaka u prahu
- 1 crtica soli

UPUTE
a) Tikvice prepolovite po dužini. Izvadite pulpu, ostavljajući ljusku od $\frac{1}{4}$ inča.

b) Nasjeckajte pulpu i ostavite sa strane. Stavite mljevenu govedinu, luk i zelenu papriku u malu tepsiju. Poklopite i pecite u mikrovalnoj pećnici na visokoj razini 1 do 2 minute, miješajući jednom dok govedina ne porumeni. Ocijediti.

c) Dodajte pulpu tikvica, umak od rajčice, 1 žlicu parmezana, češnjak u prahu i sol u smjesu mljevene govedine. U svaku koru od tikvica stavite polovicu goveđe smjese. Pospite preostalom 1 žlicom parmezana.

d) Stavite punjene tikvice na rešetku za pečenje u mikrovalnoj pećnici. Čvrsto pokrijte čvrstom plastičnom folijom. Mikrovalna pećnica na visokoj temperaturi 1$\frac{1}{2}$ minuta

e) Okrenite jelo do pola i stavite u mikrovalnu na High 1 $\frac{1}{2}$ do 3 $\frac{1}{2}$ minute ili dok se punjenje ne stegne i tikvice ne omekšaju.

100.TexMex tepsija

Prinos: 4 porcije

SASTOJCI

- 1 funta mljevene govedine
- 1 srednji luk, nasjeckan
- $\frac{1}{2}$ (1 25 oz.) mješavine začina za taco
- $\frac{1}{2}$ (15 do 16 oz.) staklenke salse
- $\frac{1}{4}$ šalice kiselog vrhnja
- $1\frac{1}{2}$ šalice tortilje ili kukuruznog čipsa
- $\frac{1}{4}$ šalice ribanog cheddara

UPUTE

a) U srednjoj zdjeli pomiješajte mljevenu govedinu, luk i mješavinu začina za taco; kuhajte, pokriveno na visokoj temperaturi 4 do 6 minuta dok govedina više ne bude ružičasta, miješajući jednom na pola kuhanja.

b) Umiješajte salsu i kiselo vrhnje. 2. U lonac od $1\frac{1}{2}$ litre rasporedite polovicu mesne smjese, sav tortilja čips, zatim preostalu mesnu smjesu.

c) Kuhajte poklopljeno 1 do 2 minute dok se ne zagrije

d) Otkriti; pospite sirom. Kuhajte 1 do 2 minute dok se sir ne otopi.

e) Prelijte bilo kojim omiljenim dodacima za taco: narezanu zelenu salatu, nasjeckanu rajčicu, kriške avokada.

ZAKLJUČAK

Ne postoji ništa što volimo više od klasičnih, tradicionalnih jela. Uz toliko izbirljivih jela, ponekad želite recept koji će jednostavno uspjeti. Želite eksperimentirati i imati malo raznolikosti, ali trebate nešto pouzdano – i tu dolaze ovi recepti s mljevenom govedinom!

Milton Keynes UK
Ingram Content Group UK Ltd.
UKHW020731161023
430697UK00016B/794